U0085822

世紀人物100

神祕花園中的精靈

安徒生

簡宛 著

三民書局

獻給孩子們的禮物

主編的話

　　世界上最幸福的孩子 ，是他們一出生就有機會接近故事書 ，想想看 ，那些書中的人物，不論古今中外都來到了眼前，與他們相識，不僅分享了各個人物生活中的點滴，孩子們的想像力也隨著書中的故事情節飛翔。

　　不論世界如何演變，科技如何發達，孩子一世幸福的起源，仍然來自於父母的影響，如果每一個孩子都能從小在父母親的懷抱中，傾聽故事，共享閱讀之樂，長大後養成了閱讀習慣，這將是一生中享用不盡的財富。

　　三民書局的劉振強董事長，想必也是一位深信讀書是人生最大財富的人，在讀書人口往下滑落的多元化時代，他仍然堅信讀書的重要，近年來，更不計成本，連續出版了特別為孩子們策劃的兒童文學叢書，從「文學家」、「藝術家」、「音樂家」、「影響世界的人」系列到「童話小天地」、「第一次」系列，至今已出版了近百本，這僅是由筆者主編出版的部分叢書而已，若包括其他兒童詩集及套書，三民書局已出版不下千百種的兒童讀物。

　　劉董事長也時常感念著，在他困苦貧窮的青少年時期，是書使他堅強向上，在社會普遍困苦，而生活簡陋的年代，也是書成了他最好的良伴，他希望在他的有生之年，分享這份資產，讓下一代可以充分使用，讓親子共讀的親情，源遠流長。

　　「世紀人物100」系列早就在他的關切中構思著，希望能出版

孩子們喜歡而且一生難忘的好書。近年來筆者放下一切寫作，接下這份主編重任，並結合海內外有心兒童文學的作者共同為下一代效力，正是感動於劉董事長致力文化大業的真誠之心，更欣喜許多志同道合的朋友，能與我一起為孩子們寫書。

　　「世紀人物100」系列規劃出版一百位人物故事，中外各占五十人，包括了在歷史上有關文學、藝術、人文、政治與科學等各行各業有貢獻的人物故事，邀請國內外兒童文學領域專業的學者、作家同心協力編寫，費時多年，分梯次出版。在越來越多元化的世界中，每個人都有各自的才華與潛力，每個朝代也都有其可歌可泣的故事，但是在故事背後所具有的一個共同點，就是每個傳主在困苦中不屈不撓，令人難忘的經歷，這些經歷經由各作者用心博覽有關資料，再三推敲求證，再以文學之筆，寫出了有趣而感人的故事。

　　西諺有云：「世界因有各式各樣不同的人群，才更加多采多姿。」這套書就是以「人」的故事為主旨，不刻意美化傳主，以每一位傳主的生活經歷為主軸，深入描寫他們成長的環境、家庭教育與童年生活，深入探索是什麼因素造成了他們與眾不同？是什麼力量驅

動了他們鍥而不捨的毅力？以日常生活中的小故事，來描繪出這些人物，為什麼能使夢想成真。為了引起小讀者的興趣，特別著重在各傳主的童年生活描述，希望能引起共鳴。尤其在閱讀這些作品時，能於心領神會中得到靈感。

　　和一般從外文翻譯出來的偉人傳記所不同的是，此套書的特色是，由熟悉兒童文學又關心教育的作者用心收集資料，用有趣的故事，融入知識，並以文學之筆，深入淺出寫出適合小朋友與大朋友閱讀的人物傳記。在探討每位人物的內在心理因素之餘，也希望讀者從閱讀中，能激勵出個人內在的潛力和夢想。我相信每個孩子在年少時都會發呆做夢，在他們發呆和做夢的同時，書是他們最私密的好友，在閱讀中，沒有批判和譏諷，卻可隨書中的主人翁，海闊天空一起遨遊，或狂想或計劃，而成為心靈知交，不僅留下年少時，從閱讀中得到的神交良伴（一個回憶），如果能兩代共讀，讀後一起討論，綿綿相傳，留下共同回憶，何嘗不是一幅幸福的親子圖？

　　2006 年，我們升格成為祖字輩，有一位朋友提了滿滿兩袋的童書相送，一袋給新科父母，一袋給我們。老友是美國國家科學院院士，曾擔任過全美閱讀評估諮議委員，也是一位慈愛的好爺爺，深信閱讀對人生的重要。他很感性的說：「不要以為娃娃聽不懂故事，我的孫兒們一出生就聽我們唸故事書，長大後不僅愛讀書而且想像

力豐富，尤其是文字表達能力特別強。」我完全同意，並欣然接受那兩袋最珍貴的禮物。

　　因為我們同樣都是愛讀書、也深得讀書之樂的人。

　　謹以此套「世紀人物 100」叢書送給所有愛讀書的孩子和家庭，以及我們的孫兒——石開文，他們都是世界上最幸福的孩子，因為從小有書為伴，與愛同行。

與安徒生爺爺共遊

作者的話

多年前初次到丹麥旅遊 ，看到市中心安徒生爺爺的銅像，那慈祥的笑容，好像在向每位路人打招呼，我佇足與他相望──彷彿回到了童年，初次聽到〈賣火柴的小女孩〉故事時，淚眼汪汪的情景。我也記得剛剛會讀〈國王的新衣〉時，所受到的啟發。雖然已經是數十年前的往事了，但是童年聽故事、讀童書的樂趣，卻牢牢的印在心裡。現在，安徒生爺爺慈愛的笑顏再次喚起我隨著童話飛翔的快樂時光。

安徒生爺爺是第一個讓我的童年生活充滿好奇與樂趣的童話家，雖然他的故事有些並不快樂，甚至有些悲傷，但是卻啟發了我的同情心與領悟力，也讓我在幼小的年齡感受到人間真實生活中的悲苦和快樂，尤其他在故事中，總是強調「惡有惡報，善有善報」的結局，讓我相信天地間存在著的公理。

童年的記憶，使我在選讀兒童文學課程時，首先找尋這位童話大師的生平事蹟，也發現到他童話之外的許多才華。嚴格來說，他實在是一個愛作夢的孩子，正因為他愛作夢，他的一生才如此多彩多姿。

他曾夢想過當歌星、當演員、當詩人，幸好他沒有讓環境限制。雖然他出身又苦又窮，但是生活中充滿了愛他的人──祖父母、父母以及他的朋友。窮困的童年，獨自到異鄉打拼的青年，他的物質條件都比不上別人，但是他擁有的愛讓他能自由飛翔，不僅沒有被

環境打倒，還樂觀的努力向前。因為他的不屈不撓才讓我們可以讀到他上百本的著作，也因為他愛說故事給孩子聽，才讓一代又一代的人，與他同在，成了全世界的人，共同擁有的記憶。

他也許不是文學大師，不是專家學者，可是他是天生的童話家，他愛說故事，也充滿想像力，他帶領我們走入豐富的童話世界。

這樣一顆富有想像與好奇的心靈，不正是我們想探索、想接近的文學世界嗎？在那兒你也許學不到如何考試、如何升學，但是卻能讓你進入一個無限廣闊的領域，一生受用不盡。

我把我童年時的老朋友介紹給大家，讓安徒生爺爺帶領著你走入海闊天空的童話世界，遨遊不倦，樂趣無窮。

寫書的人

簡 宛

喜歡孩子，也喜歡旅行，雖然教育是專業，但寫作與閱讀卻是生活重心。除了散文與遊記外，也寫兒童文學，一共出版三十餘本書，曾獲中山文藝散文獎、洪建全兒童文學獎，以及海外華文著述獎，2000 年被選為專業人員名人榜 (Who's who)。過去十年來為三民書局主編兒童文學叢書，多次得獎。她最大的心願是所有的孩子都能健康快樂的成長，並且能享受閱讀之樂。

神祕花園中的精靈

安徒生

安徒生

1805～1875

前　言——

兩百歲的安徒生爺爺

　　安老師是高年級的老師，大家都喜歡上她的課，因為她教課時，總是講一些有關世界地理及歷史的故事給大家聽，同學們都不覺得是在上課，倒好像是在聽故事。

　　這天，安老師進教室時，臉上露出了神祕的笑容，大家正擔心著她提過的考試。安老師一開口，證明了她果然沒忘記。

　　「老師今天要考你們一個很難的問題。」

　　「哇！」大家緊張的看著安老師。

　　安老師問大家：「4月有什麼重要的日子？」

　　「哈！」同學們鬆了一口氣。

　　「兒童節。」大家齊聲說。

　　「好棒！」安老師誇獎著。

　　接著安老師又問大家:「有誰是4月生的？在4月生日的同學，請趕快舉起手來。」

　　大家的心情輕鬆了下來，4月生的同學都舉起手。

　　「哇！這麼多人都是4月生的，太好了，等一下老師要帶你們去一個好玩的地方旅行。」

　　「去哪裡？」大家嚷嚷著。

　　「但先要回答我的問題。」

　　安老師把地圖掛上，指著北歐的丹麥，問大家:「這是歐洲的哪裡？」

　　「北歐的丹麥。」同學們大聲的回答。

　　「丹麥有哪些鄰居？」

　　「瑞典和挪威。」同學們笑著回答，沒被問題難倒，信心大增，想起老師曾經介紹過丹麥的特色。

　　「丹麥以什麼聞名？」安老師滿意的笑著，等大家回答。

「魚、蝦、海產，還有海上貿易……」大家說著說著，擔心考試的心情已經完全消失了。

安老師笑著說:「還有童話。」

「啊！對了，安徒生爺爺的童話，丹麥是他的故鄉。」

「沒錯。」安老師最愛的童話大王安徒生就是丹麥人。

安老師說:「安徒生爺爺是 4 月生的，他的生日是 4 月 2 日，到 2005 年他已經兩百歲了。」

「兩百歲，好老喔！」全班同學齊聲叫著。

「想想看，你們兩百歲時會在哪裡呢?」

嗯，安老師這個問題太鮮了，同學們從沒想過兩百歲時自己會在哪裡。

全班七嘴八舌的討論著自己兩百歲時的情況……

「在天上飛?」

「在太空漫遊?」

「還是在月球上與安徒生爺爺聊天……」

「想想看，兩百年後有人會懷念你們、聽你們講故事嗎？」安老師問著。

「才不會呢！」大家都不敢想像自己會那麼偉大。

「怎麼這麼沒信心！」安老師鼓勵大家：「4月生的小朋友，你們的星座和安徒生爺爺一樣，將來一定會像安徒生爺爺一樣又會唱歌，又會剪紙人，又會編故事寫童話，多了不起啊！安徒生已經兩百歲了，全世界還有很多人在讀他的童話故事呢！」

「因為他是作家啊！我的作文這麼爛，永遠成不了作家。」4月生的小平很洩氣的說。

「他太會編故事了，我一點也不會說故事。」另一位也是4月生日的小麗很慚愧的說。

「他小時候一定很聰明！」祥

祥最愛聽安徒生的童話故事，忍不住這樣猜想，然後有些懊惱的說：「他寫的〈醜小鴨〉的故事多麼有趣啊！我才寫不出來呢！」

不等安老師說話，小朋友一個個等不及的舉手發問。

「老師，安徒生小時候是不是很聰明？」

「他一定很用功吧？」

「他們家是不是很有錢？」

「他會不會玩電腦？」

……

安老師讓大家都說完話後，看著大家說：「你們知道為什麼安徒生爺爺能寫那麼多童話嗎？」

大家搖頭。

「因為他每天都寫日記，手中的筆從來沒放下過，他的筆一直隨著他的想像飛翔。」

安老師看著大家已聚精會神的等著她說下去，於是不慌不忙的指著黑板上的地圖，對著大家

說：「我先帶你們去拜訪安徒生爺爺的故鄉＊，然後再去發掘他的故事……」

「耶！耶！」

放大鏡 ＊安徒生的故鄉丹麥位於北海與波羅的海之間，北邊與瑞典、挪威隔海相對，南端與德國相鄰，附近還有很多島嶼。因為出海方便，使得丹麥的海上貿易相當盛行，丹麥人也漸漸有了向外擴張的野心，時常侵犯鄰近國家、搶奪商船財物，於是有了「海盜國」的惡名。14 世紀時，丹麥女王瑪格麗特曾統治過瑞典與挪威，強大的國勢更增進了丹麥擴張版圖的雄心壯志。但在 1523 年，丹麥被國勢日強的瑞典擊敗後，又在對抗德國與瑞典的戰爭中節節失利，使得國勢日漸衰弱。

丹麥位於海上貿易的孔道，交通、戰略位置十分重要，因此常與鄰國發生摩擦與戰事，而丹麥南方的歐洲大國——德國，就在暗處窺伺著，當丹麥捲入戰爭而大敗時，德國便趁機占去丹麥南部的大部分國土。接著，丹麥與俄國、波蘭聯合進攻瑞典的戰爭失敗後，又再次失去部分領土，此時丹麥的國勢早已大不如前。安徒生出生之時，正值丹麥與法皇拿破崙並肩作戰，當拿破崙在滑鐵盧慘敗之後，丹麥也失去了包括挪威在內的大部分領土，國勢更加不振。

1

困苦的家庭

你可以照自己的意願選擇你的一生，
只要努力不懈，
仙女會保護你，
帶領你到想去的地方。

安徒生出生於 1805 年 4 月 2 日，他的故鄉是丹麥一個名叫歐登塞的小城，在古時候，歐登塞曾經是丹麥的首都，離大城哥本哈根差不多有一百哩。由於當時交通不便，尤其與哥本哈根之間又隔著很多小島，住在歐登塞的人，除了出海做生意的商人外，大多是一輩子都沒離開過家鄉的鄉下人。

歐登塞是一個充滿著大自然美景的地方，安徒生出生在這樣一個被海包圍，且又遠離塵囂的

村莊，使他的童年充滿了海上的
神奇傳說和鄉野奇聞，這些故
事，影響了喜愛幻想的安徒生，
也使他的一生就好像童話故事
般，充滿了變化與傳奇。

　安徒生出生在一個貧窮的家
庭，小時候沒受過完整的教育，
於是家人與鄰里間的言談便占了
他童年記憶的大部分。奶奶和爸
媽都疼愛他，怕他寂寞，總是帶
著他到處玩，他沒有同年齡的玩
伴，倒是從小聽多了成人道聽塗
說的傳聞，而這一切也是他寫作
的泉源。所以要了解安徒生的一
生，必須從他的家庭說起。

行為怪異的爺爺

　安徒生的爺爺本來有個田
莊，但因為遇上了瘟疫，飼養的
牛羊染上後全死光了，又不幸遇
到火災，農場被燒得一乾二淨，
結果，爺爺變得一貧如洗，成為

社會上地位最低的工人，也就是沒有半分田產的窮人。

爺爺並不和安徒生一家同住，可是安徒生從小就常聽到有關爺爺的故事。爺爺不只愛穿著奇裝異服在街上亂走，聽奶奶說，爺爺可能有瘋癲症，除了會說些莫名其妙的話之外，還喜歡把自製的小木偶到處送人。爺爺平時喜歡在鄉間的路上一邊走來走去，一邊自言自語，連擦身而過的牛車馬車幾乎要撞上他了，他也毫無知覺。這種奇異的行為已成為鄉人的話題，而敏感的小安徒生最不喜歡別人在他面前提及爺爺的事，所以，當同學們拿他爺爺的古怪行為來嘲諷他時，他會更加惱怒。

有天在學校時，安徒生把自己編的故事講給一個要好的女同學聽，在故事中，他說那遠方的古堡中住著一位安琪兒，且曾經

跟他講過話，還有古堡中的仙人也是他的朋友。這位女同學聽完後，就一直用古怪的神情盯著安徒生，旁邊的同學笑著說：「他和他祖父一樣有精神病！」安徒生聽了很難過，以後再也不在學校說故事了。他喜歡躲在家裡自說自話，自編自導一些戲劇來取悅自己，這種不受別人干擾的幻想世界，可以使他忘記別人對他的粗魯和無禮。

在他的幼小心靈中，不僅氣同學們取笑他，同時也有些擔心哪天會像爺爺一樣有「毛病」，因為他也和爺爺一樣——喜歡閉著眼睛走路。

有一天，當安徒生又閉著眼睛走路時，被奶奶看到了。

「哎呀，你怎麼閉著眼睛走路呢！」奶奶擔心的說。

安徒生看到奶奶驚慌的面孔，立即安慰她：「當我閉著眼睛

走路時，一個美麗的幻想世界就會出現，那裡有世界上最漂亮的仙子，有最嬌豔的花朵，還有最奇特的動物，我非常喜歡這個屬於我一個人的神祕花園。」

那些充滿幻想的時光，正是安徒生創意的源頭，只是，當年除了他的家人之外，沒有人能了解他所說的那個「神祕花園」。

安徒生一家都是富於創作想像的人，他的爺爺和爸爸都擅長剪紙：小衣服、小紙人、風景或節慶裝飾，他們能剪出千變萬化的圖案。他們也會用小刀刻出各種小玩偶，只是他們沒有像安徒生一樣遇到機會，突破困境，充分發揮才藝，最後成了成就輝煌的童話大王。

慈愛的奶奶

說到安徒生的奶奶，她對安徒生的影響很大，因為安徒生沒

有兄弟姐妹，長得又特別奇怪：臉長鼻子也長，身材又長得比同年齡的同學高，村人都認為他長得很醜，年齡相近的孩子也不願意和他玩。因此，小時候的安徒生常跟在大人身邊，消磨時間。

奶奶的工作是在一間精神病院裡照顧花圃，疼愛安徒生的她，怕安徒生孤單，常帶著他一起到醫院工作。喜歡表演的安徒生在那裡很受歡迎，譬如，他聽了醫生講解身體構造的知識後，就跑去跟一些在醫院工作的老太太們即興演說，逗得她們直誇他聰明。她們還和安徒生分享了很多有趣的童話，而安徒生的奶奶更是編故事的高手，安徒生寫的童話有不少都是從奶奶那兒聽來的。奶奶總是不斷的鼓勵他：「你可以照自己的意願選擇你的一生，只要努力不懈，仙女會保護你，帶領你到想去的地方。」

好奇心重、記憶力又好的安徒生，把在醫院的冒險經驗、精神病人的言行舉止、奶奶和其他人說的民間故事，通通保留在記憶裡，這些都成了他寫童話故事的素材。

無論遇到什麼困難都要努力不懈，要全心全力去完成夢想。在他心中，永遠有位仙女在保護他，帶領他去想去的地方，這種不畏懼困難的個性，想必是從小得到滿滿的愛，心中有著安全感的緣故。

鞋匠爸爸

安徒生的爸爸從小生活困苦，二十歲時和比自己大了幾歲的妻子結婚，過著清寒的日子。雖然愛讀書，但是他沒有錢上學受教育，只能做鞋匠為人補鞋。有次在補鞋時，他看到有人抱著課本來店裡，心裡好羨慕，忍不

住去摸了摸書，幻想著自己抱著書去上學的快樂情境。他常常對著年紀還小的安徒生說：「孩子，你長大後會有比較好的機會受教育，你要做什麼，爸爸都會讓你去做。」

「嗯，我長大了一定要做我自己喜歡的事，爸爸會支持我的。」他心中一直這樣相信著。

當鞋匠又愛幻想的爸爸很愛讀書，曾經夢想成為一個詩人，但無奈家境困窘，沒辦法受正規教育，所以他最大的快樂就是講故事給安徒生聽，或者做些小木偶讓安徒生玩。

安徒生出生後，爸爸就在狹窄的鞋店裡擺一張小床，工作累了，就講《聖經》或《天方夜譚》的故事給躺在小床裡的安徒生聽。安徒生從小，哭聲就非常大，他的父母因為疼愛他，所以，若有人批評他哭聲太大時，

他的父母便很不高興。他們認為他的聲音這麼洪亮，將來一定會是個唱歌好手。奇妙的是，每次他哭鬧時，爸爸只要一拿本詩集或故事書念給他聽，他總是能立即安靜下來。

安徒生也因此養成了愛聽故事和喜歡看書的習慣，為他一生的寫作歷程播下了種籽。

安徒生的爸爸和爺爺一樣，手也很巧，會做許多動物和玩偶，有時用木頭刻成，有時用皮雕，安徒生看著爸爸精彩的作品，也開始學著剪紙。他時常一個人坐在角落，一邊做木偶或剪紙，一邊自說自話，好像木偶都成了真人一樣。雖然沒有玩伴和他一起玩，但光是自己剪紙、編故事，他也樂此不疲。後來，剪紙也成了他的嗜好，也是他除了寫童話故事以外的另一項專長，而這些剪紙有些被保留下來，最

後都成了藝術品。

安徒生的爸爸除了愛幻想，也是一位熱心於政治和宗教的人，只是限於現實環境，未能一展抱負，加上當時生活艱苦，只能靠著替人修補皮鞋維生。年少時，他就時常夢想著能為拿破崙效力，幻想有一天能成為英雄，擺脫單調低微的皮鞋匠生活。隨著年歲漸長，戰事益發激烈，整日沉迷於戰爭狂熱裡的他，最後，竟然拋下妻兒，跑去為拿破崙打仗！但是在滑鐵盧戰役中，拿破崙大敗，安徒生的爸爸還沒上戰場便落寞的回家了，身心狀況也大不如前，一天天衰弱下去。＊終於，在安徒生十一歲時

放大鏡

＊法國的拿破崙在 1812 年時遠征俄國失敗，撤退回國，之前被征服的各國相繼背叛，組成反法同盟，與法軍在德國境內展開大戰，法軍戰敗，拿破崙被放逐。之後，拿破崙雖然企圖東山再起，卻又敗於滑鐵盧戰役。安徒生的父親因年少時的希望落空，顯得相當失意。

撒手人寰。

爸爸去世後，安徒生一家的生活更加窮苦。安徒生想起爸爸生前常對他說的那句話：「不論你將來要做什麼，即使是最傻、最愚蠢的事，只要是你心中想做的，爸爸都會讓你去做。」這給了他很大的鼓勵。

安徒生不怕困難的個性，多半來自父母對他的影響，他勇往直前的毅力，就是爸爸媽媽不斷給他肯定而養成的。從安徒生懂事起，爸爸和媽媽都相信兒子的命運會比他們好，而爸爸對安徒生完全的信賴和縱容，也使他不懼困難，始終相信自己會有成功的一天。

洗衣婦媽媽

安徒生的媽媽是一位樂天的人，雖然她從小就生活在困苦中，而且小時候還曾經以乞討為

生，但她對生活卻充滿信心。她總是對安徒生說他將來會過得比自己更好，她也很感謝對安徒生友善的人，因為安徒生小時候沒有什麼要好的朋友，也常常遭受取笑。但是她並不覺得他們這樣做帶有惡意，她認為一定是兒子特別與眾不同，所以才沒有小朋友要和他玩成一片。

安徒生出生後，家裡常常是有一頓沒一頓的，住的地方也只有一個小小的房間，連家具都是爸爸用撿來的材料動手做成的，不然就直接從路邊找別人不要的東西帶回家用。雖然如此，媽媽還是會把房子收拾得十分乾淨，窗框上常常掛滿了彩色圖片，院子裡則種滿了各種花草，在安徒生的記憶中，母親是一個勤勞的人。

有天，他跟著媽媽一起去田裡，撿些收割後落在地上的穀

穗。突然，農場的主人出現了！他生氣的拿著鞭子追趕著他們，媽媽和其他人一下子全跑掉了，只剩不小心把木屐掉在田裡的安徒生，光著腳被麥梗刺得跑不快，農場主人很容易就捉到了他，正想用鞭子打他，他不由自主的叫道：「你怎麼可以打我？老天正在看著你呢！」那正發著脾氣的主人馬上放下鞭子，改變了態度，他還摸摸安徒生的頭，問他的名字、年齡，並給了他一些錢。

回到家，看到媽媽正焦急的不知所措，安徒生趕緊把經過說給她聽，媽媽叫著他的小名說：「我的小漢士，大家都對你那麼好，老天也對你好，你將來一定比我們運氣好，也一定會有出息的。」

安徒生的爸爸去世後，安徒生整日悶悶不樂。後來媽媽再婚

了，繼父也是個皮鞋匠，他放任安徒生，讓他想做什麼就做什麼，所以安徒生每天都無所事事，沉迷在自己的想像世界裡。

媽媽雖然愛他，但很容易受人影響，聽到有人在背後批評：「這皮鞋店的孩子，整天東逛西晃，到底要到什麼時候才能做正事呢？人家比他小的孩子都在工作了，怎麼他媽媽也不管管他？」於是媽媽決定讓他到布廠去工作，「這樣做不是為了錢，我總需要知道我的兒子每天晃去哪兒了吧？」

在布廠裡，老闆對他很和善，工人常在一起唱歌談笑，一向愛「現」的安徒生也常被叫起來表演，有時還得到熱烈掌聲，他也很自豪，幾乎有些得意了。他心想：「我也很喜歡唱歌演戲，這樣的日子也還不錯啊！」

如果不是發生了一段小事

故，說不定他這輩子就只是個小工呢！

那天工人們又聚在一起說說唱唱，有個老工人看著安徒生邊唱邊表演，聲音又尖又細，對大夥叫道：「他不是男孩，他一定是女孩子。」

大家再細看他一頭閃亮的金髮、細白的皮膚……這一切太像一位「小姐」了。於是大家起鬨著：「嗨！小姐，再唱個歌給我們聽吧！」

工人們抓住了安徒生，笑著鬧著，而安徒生被他們嚇得大哭大叫，衝出布廠，頭也不回的跑了回家，而心疼安徒生的媽媽也決定不再讓他去那裡上班了。

其實媽媽心裡也很難過，不捨得他受苦，常常覺得現在的他很可憐。以前都是爸爸講故事給他聽，帶他到處玩，如今爸爸去世了，再也沒人陪他玩了，所以

媽媽一有時間也會帶他四處遊玩，並常常跟他提起自己困苦的經歷：小時候不僅沒機會受教育，還被父母要求到外面乞討，結婚後又終年為人洗衣服，賺取微薄的薪金。＊

安徒生也很想幫媽媽分擔家計，但是沒有受過什麼教育的他，又能找到什麼工作呢？他覺得自己很有編故事、說故事的天分，如果朝這個方向發展，將來一定能變成演員或歌劇明星，讓全世界的人都認識。

安徒生安慰媽媽說：「我讀過很多名人的故事，我知道怎麼才

放大鏡

＊安徒生一直對他母親辛勞的一生，充滿了愛與感恩。後來，他以懷念媽媽的心情，用媽媽的困苦生活為背景寫下了著名的故事——〈賣火柴的女孩〉；另外，還有一篇叫〈她是一個廢物〉，安徒生用諷刺的筆調寫一位洗衣婦的悲慘故事，也是他母親人生的寫照；而他十七歲時寫的那篇動人的詩作——〈臨終的孩子〉，也是寫給母親的。他對母親的思念之情，常常從他的作品中流露出來。

會成功。請您相信我！」

安徒生得到全家人的關愛，他是全家人生活的中心，所以成名後的他常對人說：「就是這些愛使我力爭上游，讓我夢想成真。」

2 喜歡幻想的孩子

不管我們做什麼事，上天都會看到，
我們都相信老天有眼睛在看我們。

　　安徒生喜歡幻想又愛做夢，這點完全和他爸爸一樣，每當假日爸爸不用工作的時候，就會帶著他去郊外玩。爸爸喜歡大自然，常在鳥鳴蟲聲中，編出一些有趣的故事，有時也會做詩，並且一再的對安徒生說：「漢士，你是爸爸媽媽唯一的寶貝，你將來要做什麼，爸爸都會滿足你的願望。」

　　「我要做歌唱家。」安徒生毫不猶豫的說完，便高聲唱起歌。

　　「你會成為大歌唱家。」爸爸讚許著，「你唱得多好啊！」

　　「我也要成為戲劇家。」安徒

生又信心滿滿的說。

「當然，我們的小漢士一定會是個有名的戲劇家。」

原來除了唱歌，安徒生對戲劇也很有興趣。他第一次看戲是七歲，剛開始，他比較注意看戲的觀眾，但之後他對戲劇越來越有好感，劇院便成為他最愛去的地方。但是，看戲是有錢人的活動，他哪能常去看呢？於是他開始幫人散發廣告單，如此他就可看到廣告上的故事介紹，再用自己的想像力來編排創造新的故事。安徒生除了從劇院的廣告傳單汲取故事靈感外，就連看著劇院的節目表，他也能憑空想像出劇情。

此外，莎士比亞的劇作，也在安徒生小小心湖上，漾起陣陣漣漪。

自從爸爸去世後，安徒生很想念他，爸爸的影子老是在他心

中盤旋。在安徒生家附近住了一位牧師的遺孀，她看見安徒生總是悶悶不樂，就常邀他到家裡玩。因為牧師生前也是個文學家，所以家中的書架上擺放著許多文學巨著，當然也包括了莎士比亞的作品。安徒生便是在牧師家第一次接觸到莎士比亞的劇作，回家後他便把故事主角剪成小紙人，自己導演，在自己的小舞臺上演出莎翁著名的悲劇，並嘗試創作了一部戲。這是他初次接觸莎士比亞的劇作，也是他終身熱愛莎翁作品的開端。

他對戲劇的愛好，從七歲開始直到去世，中間都不曾停止，戲劇也成為他一生的喜愛。

他常常在後院，用媽媽的圍裙、掃把、棍子及樹枝，搭起一個棚子當作他的戲臺。他用紙剪了各式各樣的玩偶，給他們取名字，在「戲臺」上演出一齣齣自

己編的故事，不但滿足了自己的好奇心，想像力也得以發揮。也只有在這個時候，他最能感覺到快樂。

有時候他也會演給大人和小孩看，如果聽到他們讚美幾句，安徒生就陶醉極了，因為他是多麼渴望別人的鼓勵和讚美啊！但是，當安徒生寫的劇本反應不佳時，他就向媽媽訴苦：「媽媽！有人說我寫的劇本沒意思。」

媽媽總是鼓勵他：「這個劇本不是她兒子寫的，她當然會這麼說！漢士寫出來的東西怎會不好呢？」

媽媽的鼓勵常能化解安徒生心中的不樂，常受到鼓勵的安徒生，一直對自己很有信心，即使家境困苦，父母沒受過教育，同學也不友善，但是憑著得到的愛和鼓勵，養成了他不退縮的性格。

安徒生在自己創造出來的神祕花園中，漸漸長成一個少年。他的媽媽見他成天沉浸在那想像的世界中，不禁為他的前途感到憂心。安徒生的媽媽雖然是基督教徒，但除了上帝外，還相信巫婆，更因為巫婆的一句話，而改變了安徒生的一生。

有一天，安徒生的媽媽又看到他給小紙人剪衣服，也為小木偶做衣服，就對他說：「漢士，你手這麼巧，小衣服又縫得這麼好，乾脆去學裁縫，有這樣一個手藝，將來就不愁吃穿。」

聽到媽媽又要他學裁縫，安徒生立即反對：「我不想去學裁縫啊！我幫小木偶做衣服，因為那是我喜歡的遊戲啊！」

可是媽媽很堅決，「你得幫忙媽媽賺錢養家啊！做裁縫有什麼不好？」

「媽媽，我絕不去學裁縫，

爸爸說我可以愛做什麼就做什麼。」安徒生也很堅決，而且一想起去世的爸爸，就傷心的哭了起來。

「那你想幹什麼？你已經十四歲了，不能這樣下去啊！」媽媽也心疼了。

「我不是說學裁縫有什麼不好，但是我要靠我的興趣和特長才會有成名的機會。」

「那麼告訴媽媽你想做什麼呢？」

「我想演戲，到首都哥本哈根的大劇院當演員。」

在安徒生心裡，一直有一個夢想——到大城哥本哈根的劇院演出。他不會滿足只做一個鞋匠或裁縫師，他相信自己在戲劇方面有特別的才能，也有很好的歌喉可以唱歌劇，他時時幻想著那一天的來臨。

成名、成功，要讓很多人認

識他，是安徒生很早就存在的夢想。

媽媽是疼愛兒子的，她也不忍心去打擊他的志氣。媽媽無奈，只好死了要他當裁縫的心。但是一想到哥本哈根那麼遠，忍不住又流下眼淚來。

「我怎麼捨得你去那麼遠的地方？」從歐登塞到哥本哈根還得橫越海峽，一個從小沒出過遠門的孩子，媽媽怎麼放心？

安徒生的奶奶相信卜卦，他的媽媽也是相信命運的人，很多在生活中無法找到答案的事，她們全交給命運和神祕的「神」去解決，算命就是她們找不著解答時的妙方。心亂如麻的媽媽不知如何是好，只好請求老巫婆來占卦，看一看是否可讓安徒生出遠門。

老巫婆占卦後，用驚人的音量大叫：「這是上上好卦啊！這孩

子將來大有出息，會替我們歐登塞市帶來光榮，妳的兒子會成為名人，總有一天，全歐登塞的人要以他為榮。快依著孩子的心願讓他去吧！祝他成功。」

沒什麼信心又迷信的母親，這時樂得再也不反對安徒生去演戲了。

「可是，你要怎麼去哥本哈根呢？」媽媽又愁眉苦臉的說。

一直沉迷在演戲的美夢中的安徒生，也突然警覺到現實的問題，怎麼去呢？自己雖然存了三十先令＊，但到了大城舉目無親，找誰是好？安徒生想起了他在報上讀過的新聞，他想他可以去找在哥本哈根著名的女歌唱家──沙爾夫人。

放大鏡 ──＊先令　是當時的貨幣單位，12 便士等於 1 先令，20 先令等於 1 鎊，30 先令對一個小孩子來說是筆不小的財產了。

「嗯，去找她。」

可是怎麼找呢？

安徒生想到或許可以去請求地方上的者老艾佛森，幫他寫一封介紹信帶去給沙爾夫人，艾佛森認識很多名人，一定沒問題。

說做就做，安徒生找到了艾佛森的家，一見到艾佛森，便立刻向他說明來意。

「年輕人，我很欣賞你的勇氣和決心，我也很想幫你，可是我不認識沙爾夫人啊！」艾佛森說。

安徒生以他不屈不撓的精神，苦苦哀求著說：「您不幫我就沒人幫我了！」他看著艾佛森有些猶豫，又說：「您就說我想認識她，想跟她學習唱歌。」

安徒生小小年紀就如此不畏艱難，而且意志堅定，讓艾佛森很是感動，也痛心這麼有才華的孩子竟然沒有人栽培，於是，他

就照著安徒生所言，寫了一封信讓他帶去。

　　拿著一封介紹信和自己存的三十先令，未滿十五歲的安徒生，信心滿滿的踏上了前往哥本哈根的旅程。

3 在哥本哈根 獨自奮鬥的日子

我從十四歲離開故鄉，
一個人到哥本哈根找工作，
過著有一頓沒一頓的日子，
可是我從來沒有氣餒、灰心過，
因為我相信奶奶說過的話：
「只要你好好努力，
仙女一定會帶你去你想去的地方。」
我也一直沒有放棄我的希望。

當時的哥本哈根有北歐小巴黎的美名，是一個典雅的城市。

1819 年 9 月安徒生抵達哥本哈根。北國初秋的冷風，像刀一樣刺骨，但興奮的安徒生早已忘了旅途的勞累，一心就想奔往皇家劇院。

「啊！這劇院是我朝思暮想的地方啊！」安徒生恨不得伏在地

上親吻皇家劇院的土地。

　　就在安徒生看著雄偉的劇院出神時，有個人手裡拿著戲票，走過來問他：「要不要票看戲？」

　　「要啊！」安徒生高興的接過票就走入劇院。

　　他以為那是好心人要請他看戲呢！他哪裡知道這票是要錢買的。那人以為安徒生是小流氓想要賴，氣得追打他。

　　剛從鄉下到大城市的安徒生，嚇得趕緊把票還給他。

　　驚魂甫定的安徒生非常失望，但是他的決心也在這時下定了。「有一天我要讓我的劇本在這兒上演！」

　　敢夢想才有希望，十年之後，他的第一部劇本，真的就在皇家劇院上演。那可是他一路堅持不變，吃盡苦頭的成果！

　　一到大城就被人嚇得亂跑的安徒生，先隨便找了家便宜的旅

社住下，之後就迫不及待的拿著介紹信，去找沙爾夫人，他把僅有的希望都放在沙爾夫人身上。

安徒生頭上那頂幾乎蓋住臉的大帽子，是他爸爸留下來的，而身上那唯一一套禮服，又鬆又大，也是用他爸爸的衣服改成的。他走到了沙爾夫人家門口，按了門鈴，出來開門的女傭，一看他那身土裡土氣的打扮，把他當作乞丐，拿了幾個銅板想打發他走，委屈的安徒生差點要哭出來，「都市人怎麼都這樣無情啊？」他忍住淚水，把介紹信交給女傭，並說：「我是來找沙爾夫人的。」女傭這才勉為其難的領他進屋。

安徒生一見到沙爾夫人先是深深的一鞠躬，但那過大的衣服幾乎要碰到地面了，樣子非常滑稽。

沙爾夫人一看到他這身奇怪

的打扮，以為他是個精神病，看完他帶來的信，便很不耐煩的說：「這位寫信的艾佛森先生我並不認識。」

這是可想而知的結果，當初艾佛森先生就告訴過安徒生，他不認識沙爾夫人。不過，雖然沙爾夫人這麼說，安徒生還是不死心，用差不多是哀求的口吻說：「我會唱歌，也會演歌劇，請給我機會，讓我表演給您看，好嗎？」

沙爾夫人看安徒生根本沒有要離開的意思，而且一直表現得很誠懇，只好無奈的點點頭，對他說：「那就快表演吧。」

當安徒生用盡全身的精神，賣力演唱之後，沙爾夫人面無表情的對他說：「好了，我想你不適合唱歌，你可以走了！」

可憐的安徒生差點要跪下來求她了，但沙爾夫人還是不為所

動。安徒生滿心的期望，如今都成了空。

走出沙爾夫人家之後，安徒生四顧茫然，不知何去何從。北國秋天的冷風，迎面吹來，更加刺骨。

「現在是不能回頭了。如果回去要怎麼向媽媽交代呢？」他想起了總是對他很有信心的媽媽。「不！絕不能放棄希望。也許我可以到劇場找一份工作，暫時有口飯吃也好。」

樂觀的安徒生又滿懷希望來到劇場，但是經理一看到他，就搖搖頭說：「你太瘦，又沒經驗，也沒學歷，我們這裡的演員可都是受過高等教育的呢！」

可不是嗎？安徒生連一張文憑都沒有！

這時，劇院內響起悅耳的音樂，那不就是他最愛的曲子嗎？安徒生畢竟只是一個不滿十五歲

的孩子，一下子又把煩惱丟到了腦後。

「先看戲再說吧！」

安徒生一邊看戲，一邊淚流滿面，除了是劇情太令人悲傷外，也因為想到自己身在舉目無親的異鄉，第一天就四處碰壁，受人奚落，忍不住悲從中來，尤其一想到身上僅有的財產，在付完房錢後就空空如也，更加忍不住嚎啕大哭了。他哭得忘情，連坐在身旁的觀眾都安慰他：「不要哭了，那只是演戲而已。」

他哪知道安徒生是有感而發啊！

安徒生慢慢收拾起淚水，想著自己絕不能就這樣回家，那占卜的巫婆不是說自己會成功嗎？他打起精神，告訴自己：「媽媽如果知道我走投無路，一定會很傷心的。沒關係，這不過是到哥本哈根的第一天，慢慢想辦法吧！

天無絕人之路啊！」

在蒼茫夜色中，安徒生拉攏衣服、縮著身子，抗拒著刺骨的北風，在飢寒交迫中回到旅社，一路上累積的疲勞，讓他一頭栽在床裡就沉沉睡去。

第二天，安徒生已經沒錢住旅社了，幸好他認識一位和他同行到哥本哈根的女士，願意供他吃住，還幫他買了份報紙。他打開報紙，翻閱著求職欄，只有小學程度的他，除了當學徒，恐怕也找不到其他的工作了。

安徒生心想：「先去當個學徒再說吧！這個木工正在找學徒，去試試看吧！」

安徒生到了工廠，還沒見到老闆，卻被其他等著上工的人狎弄，這種不友善的舉動讓安徒生放棄了在這兒當學徒的念頭。

「這地方是待不下去了。」好強又敏感的安徒生自忖著，「但

是，要去哪裡呢？」

安徒生想，或許可以再試試用自己的愛好和特長——唱歌，來爭取演出的機會。他記得他曾在報上看過一則新聞，報導一位義大利人西伯尼要當皇家音樂學院校長的消息。那麼就去找這位音樂家吧！

在往西伯尼家的路上，安徒生虔誠的向上帝祈禱：「主啊！請再給我一次機會，若是不行，我只好回故鄉去學裁縫了。」

從門縫流瀉出的歡笑聲，告訴安徒生：西伯尼家正在舉行宴會呢！安徒生鼓起勇氣，敲開西伯尼家的門。在聽了安徒生的說明後，西伯尼很客氣的請安徒生進去，安徒生很高興，「上帝聽到我的禱告了！」

雖然他還是一身奇異的裝扮——過大的帽子蓋住了臉，寬大的衣服使他顯得更瘦長，但是大

家都對他很友善。

「你說你愛唱歌，那麼就請你唱給我們聽吧！」西伯尼說。

安徒生按捺住喜悅的心情，全神貫注的唱了一首他拿手的歌，還唸了幾段詩。當他還沉醉在迷人的詩境中，一陣熱烈的掌聲把他拉回現實，安徒生簡直不敢相信這掌聲是為他而起的。對於一個才十四歲、流落異鄉、走投無路的孩子來說，此時即便只是掌聲，也能讓他受到很大的鼓舞。

有一位客人還站起來對他說：「你將來一定會有成就的，但是到時候你可不能太驕傲哦！」

安徒生感動得流下淚來，頻頻向在場的賓客鞠躬致謝。

上帝不僅聽到安徒生的禱告，還送他一個珍貴的禮物！擔任音樂學院校長的西伯尼雪中送炭，不僅願意免費教他音樂，還

一再鼓勵他:「只要你努力,我會盡力幫助你的。」

在場的客人有很多教授與詩人,都是西伯尼的朋友,他們心疼安徒生隻身到大城來求發展,更佩服安徒生即使受了折磨還能不屈不撓,尋求任何一個可能的機會。他們都感受到了安徒生的熱誠,願意為他籌措生活費。

「啊!上帝,感謝祢!」安徒生心中充滿著對上天的感恩。

從此,安徒生很用功,每天都去學音樂。雖然在哥本哈根的日子過得很辛苦,常常沒有錢吃東西,餓個好幾天也是常有的事,有時交不出房租,就窩在公園的椅子上過夜,但是安徒生從不放棄希望,對自己的前景充滿信心。

好景不常,安徒生圓潤、清脆、悅耳的嗓音,卻變得沙啞、低沉,一天不如一天。有一天西

伯尼對他說:「漢士,以你現在的嗓子,恐怕不能成為音樂家了。」

安徒生不肯向命運低頭,他也不知道為何嗓子會變音,沒有人告訴過他,青春期的身體是會變化的,他以為他得天獨厚的嗓音,莫名其妙的壞了。他苦苦哀求著:「老師,請再給我一次機會,我一定會加倍努力。」

「可是,嗓子是努力不來的。」西伯尼無奈的說。

安徒生只能默默的承受痛苦,失望的離開。

「怎麼辦呢?」

正當他徘徊街頭,不知如何是好的時候,突然,他想起了之前認識的詩人古柏兒,也許可以找他幫忙,於是安徒生寫信給古柏兒求救。

真是天無絕人之路!好心的古柏兒覺得安徒生很用功好學,於是答應幫助他,不僅熱心的替

他想之後的出路，還把剛拿到的版稅分了一半給他。

「你的信有不少錯字，我想你應該好好的上些課，如果你願意，我的朋友可以幫你。」古柏兒說。

安徒生當然很高興有人願意指導他。古柏兒不但找朋友免費替他上課，還介紹戲劇界的朋友給他認識。

在哥本哈根最貧窮的地區，安徒生租了個房子。房東太太非常苛刻，對房租更是要求一文不能少，而且得準時付清。

「一個月兩鎊，一毛也不准少！」

由於安徒生用的錢都是別人捐助的，一個月頂多只有三十二先令，房東要求的房租，已遠遠超過他所能負擔，這使他苦惱不已。他苦苦哀求房東太太，結果是以一個月三十二先令成交。

安徒生很感謝房東太太，他把住的地方當成自己的家，偶爾幫房東太太做些雜事，雖然房租沒能少，但房東太太每催他做一件雜事，都會付他一便士，使他手頭有些零用錢可以買些碎布來做小衣服。他可沒有忘記縫小衣服的嗜好！只有在縫小布衣、剪小紙人的時候，他的一切煩惱才會暫時消失。

安徒生在一個人生地不熟的大都市，跌跌撞撞，有時挨餓受凍，有時被人譏諷，雖然受盡折磨，但是他從不灰心。他憑著一股熱誠和堅持不退的決心，總是能獲得許多人的幫助，這也使他忘記了苦痛，並且從生活中，看盡人生百態，學習做人道理。這一切都有助於他在寫作上的發展。

終於，他在劇團裡找到一個職缺，成為半職的演員，其實就

是小配角或臨時演員等小角色。平時跳跳舞或當活布景，勉強可以維持生活，可是這對喜愛戲劇的安徒生來講，可說是再幸福不過的事了。

漸漸的，安徒生對戲劇的愛好大過了一切，他開始找理由不去上課，這讓熱心幫忙他的古柏兒相當生氣，在古柏兒大罵他一頓之後，滿心慚愧的安徒生也被劇院給解僱了。幸好，這時他在哥本哈根已有兩三年了，對環境比較熟悉，於是決定留下來學習寫劇本，他對自己說：「沒有其他的生存之路了。」

他將以前自編自導的木偶戲的片段，編寫成一部劇本，希望可以被劇院採用。可以預期的，安徒生寫的第一個劇本被退了回來，因為他沒有受過正規教育，拼字錯誤百出，無法寫出合於皇家劇院規格的劇本。但是，當時

的劇院經理柯林士先生，卻認為安徒生很有說故事的才華和想像力，他希望安徒生再去受一些教育，多讀點書，也許有一天他能寫出合格的劇本，在皇家劇院演出。

柯林士向丹麥國王菲力得烈克六世推薦安徒生為貸款學生，國王也馬上批准了柯林士的推介。安徒生聽到這個消息，簡直不敢相信，想到每月除了可以領到一筆金額不少的獎學金之外，教育機關還給他到拉丁文學校學習的機會，這是安徒生以前從沒碰過的善遇。雖然讀書不是他的心願，他最想當演員、歌手或作家，而不是一個十七歲的老學生，但是他也明白，這是他必須面對的現實。

安徒生臨行前專程去拜訪柯林士，並向他表達內心的感激。柯林士溫和親切的對安徒生說：

　　「有什麼需要，儘管告訴我，在我能力所及的範圍內，我一定會幫助你的。你以後的生活情形也可以隨時和我分享。」柯林士關心的話，使安徒生忍不住感動的情緒，淚流滿面的一句話也說不出來。安徒生曾經在自傳上寫著：「世界上沒有第二個人會像他那樣關心我，也沒有一個人對我的成功那麼欣慰，我想，就是我父親在世，也不過如此吧！」他在自傳中還稱柯林士是他的第二父親。

　　開學的日子就要到了，安徒生收拾起簡單的行李，告別哥本哈根，前往斯勞厄爾瑟的拉丁文學校上課了。

4 另一種苦難

人生本來就有很多苦難，
但是我決定不被打倒。

十七歲的「小學生」

　　從小就喜歡唱歌又夢想成為
演員的安徒生，沒想過要進學校
讀書，可是這從天而降的好消息
——由國王拿錢出來給他受教
育，這是多麼大的殊榮啊！他雖
然比同班的同學大了兩、三歲，
又被排在低年級的「放牛班」，
他也不敢抱怨。

　　1822 年的 10 月，安徒生離開
住了三年的哥本哈根，也結束了
他的流浪生活，終於可以安定下
來了，他非常高興，也迫不及待
的寫信告訴母親這個好消息。

「還好我相信了巫婆的話，我的小漢士現在是皇家的公費生了！」安徒生可以想像媽媽收到信後，一定興奮得到處告訴鄉親，大家也都會為他感到高興。

「要是疼他的祖母還在，不知道有多快樂！」他們可能也會這樣惋惜的感嘆。

可是，安徒生的流浪生涯結束之後，另一種折磨才要開始。

安徒生從哥本哈根坐馬車抵達拉丁文學校時，正是秋高氣爽的季節，鄉野間滿處的楓紅，為這僻靜的小城增添了幾分秋日的景色。

安徒生在拉丁文學校學習倍感吃力，因為他以前沒有受過正規教育，對所教的科目如數理、文學、史地都一知半解，現在從頭學起很不容易，唯一的辦法就是用功讀書，以加倍的努力來補救他不及別人的地方。除此之

外，安徒生偶爾也會在校園內走走，欣賞大自然的美景。

用功的結果，總算讓他把課業理出頭緒來了，只是同學們都對他的奇怪衣著「另眼相看」，不想和他接近，這使他很難過。一直生活在貧窮狀況下的安徒生，哪有多餘的金錢和心情去注意外表的打扮呢？

但是，令他更難受的是梅校長的羞辱。

梅校長除了管理校務之外，也是安徒生的拉丁文老師，他對安徒生特別嚴苛：「你是公費生，應該特別用功！不要辜負了國家對你的栽培。」

每次上課，也許是太緊張了，安徒生常常答不出梅校長問的問題，梅校長總會不留情面的冷嘲熱諷：「你這個比同班同學大好幾歲的學生，為什麼那麼笨啊！」「你真是笨豬！」「傻瓜，那

麼簡單的問題也不會？」這使安徒生無地自容，恨不得有個地洞躲起來。有時候他借筆抒懷，把寫好的詩呈請梅校長指導，梅校長竟然勃然大怒：「你以為來這裡是給你寫詩的嗎？別浪費時間了。」嚇得他每次見到梅校長就全身發抖，上課對他來說已經變成一種刑罰。

　　安徒生很不了解從事教育工作的梅校長怎會如此殘酷？原以為到了拉丁文學校可以安心用功學習，沒想到校長這樣侮辱他，同學也對他不友善，他真想放棄了。好幾次他忍不住逃回哥本哈根，向柯林士訴苦。柯林士都耐心的聽完後，又婉言相勸：「打起精神來，好好用功吧！難道你還想回頭過從前那般的流浪生活？難道你忘記你的夢想了？」

　　想到那段流浪吃苦的日子，安徒生再一次咬緊牙關，回到學

校，忍受梅校長的辱罵和同學的戲弄。心中痛苦得受不了時，除了寫日記來抒發情緒外，他還寫信給一位關心他的老師，老師不但安慰他，還以自己的遭遇為例，鼓勵他說：「我讀書的時候也遭到同學的戲弄、取笑，可是我沒有屈服，我立志用功讀書，才有今日的成績。別放棄！我相信你將來一定有不凡的成就，加油吧！」

　　老師的安慰使安徒生感到無限溫暖，他是一個情感豐富且需要人關懷的孩子，有了柯林士的支持和老師的鼓勵，他就更加用功讀書了。他一再的告訴自己：「絕不能被打倒！」

　　於是，在學校他認真學習，知道了該怎麼正確拼音、怎麼讀拉丁文，也學會幾何與數學，但是他也沒有放棄寫詩和劇本。

　　安徒生是天生的詩人。不管

是春天時，漫步在繁花點點的綠野，或是冬天行走在皚皚的雪地上，他的耳中都會響起詩樣的旋律，文思立刻如浪濤澎湃。開闊的大自然，就是他傾訴心中愁思的地方。安徒生常到學校後面的小山坡散心，望著深遠的山谷，無際的藍天，寫下一首首感懷詩句，這也是他在拉丁文學校的最大精神寄託。

在拉丁文學校的這一年，除了拉丁文「尚可」之外，其他科目安徒生都得到了好成績，他很高興，證明了他的努力沒有白費。

趁著暑假安徒生回到故鄉探望媽媽，也舒緩一下緊張的心情。安徒生的媽媽見到他，興奮得給他一個大擁抱，鄉親看到他也都很高興。想想離開家鄉也好幾年了，當初艾佛森先生不嫌麻煩的為他寫介紹信，他真的非常

感激，這次回到故鄉，得特別去拜訪道謝才是！安徒生撥空登門致謝，也因此與艾佛森的孫女凱莉成了好朋友，兩人從此維持了一生的友誼。

　　輕鬆愉快的時光總是走得特別快，轉眼又得回到拉丁文學校，又得面對梅校長的考驗了！當安徒生回到學校後，得知梅校長將要轉任他校，心中暗暗竊喜，但是沒想到梅校長竟然寫了一封信給柯林士，表示想帶著安徒生一起去新任教的學校，這樣一來不僅可以親自教他，也可以幫他安排升學事宜。柯林士當然是欣然同意囉！所以安徒生只得遵從柯林士的建議，硬著頭皮答應了。

　　白天在新學校上課，晚上借宿梅校長家，這對安徒生來說是多麼痛苦的煎熬啊！他在給柯林士的信上曾提到:「你如果看到我

靈魂的底層，你就會了解我有多麼寂寞……；即使是開放的湖底，泳者都不能測知它的深處。」

他的內心有一種無人能解的痛苦、寂寞和委屈，也就是在這種起伏不斷的痛苦煎熬下，寫詩的靈感如潮水一般流瀉而出，心中的諸多情緒也得以紓解。

這些詩，也就是他走向寫作的開始。＊

面對種種的精神折磨，安徒生並沒有整天把自己關在斗室中，唉聲嘆息、自苦以終。除了寫詩抒情之外，他更愛接近文學界的朋友，還把作品寄給他們，請他們批評指正。他們都對安徒生的作品非常欣賞，常常給他很大的鼓勵。吳爾夫上將全家更是對安徒生有如自己的家人，不僅在生活上幫助他，也在精神上鼓勵他。安徒生常在吳爾夫上將的家中朗讀自己的詩，也獲得許多

熱烈的掌聲。吳爾夫的女兒和安徒生尤其談得來，安徒生在自傳中曾稱讚她為文藝女神——繆

放大鏡

＊現在我們就來欣賞他的兩首詩作吧！

〈自畫像〉

看那少年，
站在山坡上，
臉白如雲，
鼻長如溝，
眼小如豆，
他唱走調的德國曲，
凝視著落日的孤星，
啊！他為什麼站著不走？
老天，我不是神，
如果我沒錯，我敢確定——
他不是發瘋，就是發痴，
要不，就是真正的詩人。

從這首詩可以聽到他的心聲。他從沒忘記巫婆的預言，也期待著預言實現的那天。

〈臨終的孩子〉

媽媽，我好累，我要睡了，
請把我抱在懷裡，媽媽，
讓我睡個好覺。
媽媽，您不要哭，
您的眼淚掉在我的臉上，
如火般的滾燙，
雖然外面是冰冷的寒天，
風呼嘯而過，
可是，夢裡的世界，多麼美好！
當那疲倦的眼睛閉起來，
可愛的小天使就在眼前舞蹈。
媽媽，您的雙頰已被淚水溼透，
像火一樣滾燙，
媽媽，您一哭，
我更要放聲大哭，
唉！我太疲倦了，
我眼睛睜不開了，
媽媽，您看啊！
天使在親吻我。

安徒生一心一意希望媽媽能以他為榮，在詩中他寫下了對媽媽的思念，也向媽媽傾訴心中的委屈。

思。她不僅思想敏銳且富有幽默感，時常激勵安徒生，給他許多建議，使他的作品免於流入瑣碎的俗套。兩人之間沒有愛情產生，卻成了一生心靈的知己。

在這些文學界的朋友之中，安徒生對奧倫施拉格尤其欽慕，視他為楷模＊。奧倫施拉格看過安徒生的詩之後，大大的讚賞。這時的安徒生有如踩在雲端一樣飄飄欲仙，幾乎想要一輩子當詩人了。

但是，可以想像的，被梅校長發現他分心寫詩的時候，會遭受怎樣無情的怒罵！對於一個善良又感情豐富的青年而言，梅校長的羞辱真如千刀萬剮，讓他生

放大鏡
＊當年奧倫施拉格因為對文學的愛好，放棄了律師的職位，並以復興丹麥文學為己任，後來果然成就輝煌，被公認為丹麥文學的太陽，並有「斯堪地那維亞詩王」的封號。這使安徒生大為興奮，也得到鼓勵，一心以奧倫施拉格為榜樣。

不如死。

多年後，當安徒生詩名大
噪，聲望也很高的時候，在某個
場合再次見到當年使他痛苦不堪
的梅校長，梅校長立刻與他握手
並向他道賀：「恭喜你現在已經是
著名的詩人了，我當年真是錯待
了你。」

安徒生並不記恨，很大度的
回答：「如果不是校長嚴屬的管
教，我不會有今天的成就。」

偉大的心靈永遠往前走，安
徒生沒有浪費時間在自怨自艾
中，他將起伏的情緒、奔放的情
感，化作美麗的詩篇！如果他花
時間去怨天尤人，我們今天就可
能讀不到他那麼多的作品了。

成為大學生

柯林士終於決定讓安徒生離
開拉丁文學校的痛苦磨難了！在
1827 年的春天，安徒生回到了哥

本哈根。他真的是從過去的折磨中，脫胎換骨成另外一個人了。想起初到哥本哈根時，那穿著過大的衣服，戴著他父親的大帽子，讓許多人誤認為是叫化子的安徒生，現在從裡到外容光煥發，是不是像極了醜小鴨變成天鵝呢？

安徒生到哥本哈根後，柯林士特地介紹苗羅兒＊當他的補習老師。苗羅兒常常到安徒生的住處，指導安徒生拉丁文與希臘文以及讀書研究等大學課程。這位亦友亦師的苗羅兒，對安徒生非常真誠，兩人也很談得來，但是苗羅兒是將《聖經》奉為金科玉律的人，他對神的看法與安徒生完全不同，安徒生的論調常令苗羅兒不能認同，因此，兩人時常

＊苗羅兒牧師當時還只是個學生，後來因為孜孜不倦的研究斯堪地納維亞的語言、歷史而聲名顯赫。

發生激烈的辯論。

　　但是人格高尚又性情溫和的苗羅兒，對安徒生的大膽直言不僅不生氣，反而非常欣賞，兩人不同的見解時時產生智慧的撞擊。這種上課方式，讓安徒生開始轉變，終於將自己從梅校長給他的壓力中釋放出來。他變得能夠毫無掩飾、充滿自信的提出內心的感想和見解，已經不再是那個忍氣吞聲的「小學生」了，這對安徒生的思想和創意都大有幫助。

　　有一天，安徒生收到奧倫施拉格的來信，使安徒生驚喜萬分，讀完信之後，他更是欣喜若狂。

　　「漢士：我不忍心看著你埋沒天才，我希望你能來我任職的大學讀書。」

　　啊！太好了，原來奧倫施拉格已成了大學校長。

「哇！太棒了！上帝真的在照顧我了！」安徒生高興得大叫著。

上大學，那是當年人人都視為可以抬高身價的階梯，有多少人想進入大學，卻不得其門而入，出身困苦的安徒生，做夢都不敢想會有這個機會上大學。本來，能上拉丁文學校，已經是天大的恩賜了，如今若不是奧倫施拉格的推薦，他連大學的門檻都跨不過，這使安徒生更加感謝奧倫施拉格，也對上天的恩賜加倍珍惜。

一定是上天特別眷顧，安徒生才能擁有無限的愛。柯林士愛他，吳爾夫一家愛他，奧倫施拉格愛他……，他得到多少人的愛啊！

5 走向寫作的路上

人生就是旅行，旅行就是人生。

離開了拉丁文學校之後，一心嚮往成為詩人的安徒生，沒有梅校長的阻撓，沒有討厭的拉丁文作業的壓力，他可以全心全力的寫詩了。大學時期的安徒生，腦中的靈感就像藏不住的火花，不斷的綻放光芒。

有一天，安徒生走在回家的路上，突然有各種奇特的想法鑽進腦中，他快步趕回家，用筆抓住這些靈感，寫成了一部充滿詩味的《步行記》。可是像他這樣默默無名的新進詩人，有誰願意出版他的作品呢？於是他決定自己花錢出版。

果然，有志者事竟成，安徒

生自費出版的《步行記》很受歡迎，出版商馬上就向他買下再版的版權，而且連鄰國瑞典也翻譯了這本著作。於是，文壇新升起的一顆星——漢士‧克力士‧安徒生，他的名字逐漸家喻戶曉，響亮了起來。

可是成名之後，評論也隨之而來。起初安徒生沉浸在成功的喜悅中，對這些批評不太在意，但是丹麥的評論界對安徒生的作品吹毛求疵，將書中的拼字錯誤挑出來大肆批評，無情的潑他冷水，讓正要開始追求自己夢想的安徒生相當難過、心灰意冷，甚至開始懷疑自己的能力。柯林士深知安徒生在寫作上的才華，他勸安徒生：「你還是出國去散散心吧！把自己丟在陌生的環境，接受新的氛圍，從煩惱中解脫出來吧！」

於是，在柯林士的建議下，

安徒生用自己省吃儉用存下來的錢，去德國散散心。這次出國的經驗，也開啟了他對旅行的興趣。

從德國回來後，安徒生積極尋求到各國旅行的可能，只是，當年在歐洲各國間旅行不僅不普遍，而且只有王公貴族有能力支付旅行的費用。只靠寫作維持生活的安徒生，怎麼可能有閒錢支持他到處旅行？安徒生想了又想，最後只好厚著臉皮去找國王幫忙。慈愛的國王一向很欣賞安徒生的才華，他接受了安徒生的申請，給他一筆旅行獎學金，滿懷感激的安徒生，終於踏上了旅行寫作的道路。

在安徒生的寫作生涯中，「旅行」占了很重要的位置，這對他來說是種最好的教育方式。他曾說:「旅行就是生活」、「只有在旅行時，人生才會多彩多

姿」、「我必須一看再看，把整座山，整條河裝入我心中的行囊。」他一邊旅行一邊寫作，無論走到哪裡，每當晚上回到住處，夜深人靜時，他都會一一記下當天的所見所聞，而這些都成了他日後創作的素材。

行萬里路勝讀萬卷書。安徒生用腳旅行，用眼看世界，用心體驗不同的文化，那些童年時顯現在他眼中的幻想世界，如今都變成了旅行時看見的新奇景觀，實實在在映現在他的眼前，這怎能不讓他興奮雀躍呢？

在遊歷各國時，更令安徒生感動的是結識了很多文壇的名家，如大詩人海涅、童話大師格林兄弟、小說家狄更斯等，他們都熱情的給安徒生很多的鼓勵，更為安徒生拓展了他寫作的視野。

本來就對旅行有著極大興趣

的安徒生，雖然在國內受到排斥，但是他在國外的朋友、同好，卻隨著他的文名往四面八方擴散，不斷給他熱情的鼓勵。以詩交友，以文會友，安徒生在各處受到了歡迎和盛情招待。

在眾多文友中，我們可不能不提到這幾位大文豪與安徒生的可貴情誼……

在法國見到了海涅

得到國王的經濟支持，安徒生又揹起行囊，前往法國遊學旅行。幸運的，他在巴黎遇到了心儀已久的作家——海涅。海涅是德國的大詩人，他長年旅居法國，當安徒生抵達巴黎後，就在歐洲文學俱樂部見到了他。

海涅個子小小的，一看到安徒生，馬上笑容滿面的走過來，伸出他熱情的手，「德國和丹麥是兄弟之邦，你是丹麥人，我是

德國人，我們就是兄弟！」海涅緊緊握住安徒生的手。

這舉動對從小受盡別人冷落的安徒生而言，只要有人對他友善，他就感動得眼眶潮溼了，更何況是擁有世界詩王榮譽的海涅如此待他，使安徒生感動不已。

海涅的詩可以說是安徒生早期的創作靈感來源，尤其是海涅的諷刺筆法，更是安徒生學習的標的，海涅根本就是安徒生的偶像！難怪安徒生和海涅握手的小小動作，都足以讓他感動很久。

這次見面，海涅對安徒生留下很好的印象，第二天還到安徒生住的飯店來找他，之後，兩人常常碰面，有時會一起在林蔭大道散步。

在巴黎能見到他崇拜的詩王，難怪他逢人就說：「我這趟到巴黎真是不虛此行！」

《雅哥納與人魚》和《即興詩人》

在法國境內，安徒生四處遊歷，浪漫的萊茵河，雄偉的凡爾賽宮，都給他留下了深刻的印象。離開法國，安徒生到了瑞士，住在侏儸山裡一個環境清幽的小鎮，他常常站在山上，欣賞著山水間的美景，心中對大自然美感的讚嘆，如泉源般從他的筆尖流出，他一面聽著泉水流過的聲音，一面寫詩，在這段旅居巴黎、瑞士小鎮期間，他完成了《雅哥納與人魚》的詩集。

馬車載著安徒生，沿著河谷穿過山嶺。那兒溫暖的陽光正等著，那兒是氣候宜人的義大利。1833 年 9 月安徒生抵達義大利，南歐亮麗的陽光，以及海濱細緻的沙石、蔚藍的海水……，不斷撥動著安徒生的心弦。他本來就是一個情感豐富、心思敏銳的

人，在義大利這一個風光綺麗的南歐國土，不由得出現這樣的詩句：「要是我有一雙翅膀，能夠自由飛翔，那是多麼幸福啊！」

在義大利旅居的日子，他確實快樂無比。

羅馬的古蹟與安徒生的想像串連，潛伏於他腦海中的文采被發揮出來。安徒生在羅馬又完成了《即興詩人》的頭兩章。

他出版的《雅哥納與人魚》一書，並沒有獲得國內批評家的欣賞；當他想繼續創作《即興詩人》的時候，興高采烈的把這個想法告訴了好朋友，但那位他最信賴的朋友卻寫信告訴他：「你寫得太多了，你剛完成一本書，下一本又已經開始寫了一半，像你這樣不斷的寫，會把出版商都煩死了，誰還出你的書……」並且毫不留情的說《雅哥納與人魚》是一部平庸、幼稚、倒胃口的作

品。

安徒生收到信後幾乎想自殺了，他受不了這個無情的批評，他在日記上寫著：「我的靈魂深處已受到震撼，我不能再思想，我也沒有感覺，我失去了對人和對神的信心，這封信已把我推向了絕望的深谷。」

然而，命運之神並沒有憐憫他，從家鄉傳來的除了惡評之外，還有他母親的死訊。

那年，安徒生才二十九歲。柯林士傳來了他母親去世的不幸消息。安徒生想到母親再也看不到他的成就，在這世界上也再沒有人與他血親相連，忍不住大哭一場。

來自國外的鼓勵

在朋友們誠摯的安慰中，安徒生收拾了悲傷的心情，繼續踏上旅程。1834年安徒生結束旅行

回到丹麥後，完成了《即興詩人》一書，於 1835 年出版。這是一本自傳式的小說，出版後馬上就二版、三版的加印，得到各方好評，並被譯成德文與瑞典文。但是家鄉的評論家仍不放過任何打擊安徒生的機會，無情的對他的作品給予嚴厲的批評。但是安徒生並不因此氣餒，他仍創作不輟，支持他的除了自己的信仰——相信自己是有天賦的——之外，更重要的是來自海外的認可與讚譽，以及讀者的肯定。

安徒生曾說過：「敵人越多，幫助你的人也越多。」每次受到攻擊時，他都會如此安慰自己，甚至在獲得王公貴爵的嘉勉與頒獎時，他就會感恩的向上帝致謝：「我得到的這一切恩寵，都是上帝給我的福祉。」

1837 年安徒生訪問了丹麥的鄰國瑞典。瑞典與丹麥只隔一個

北海，語言也相通，安徒生像是遇到了親人般的高興，幾乎把異鄉當家鄉，愛上瑞典了。熱情又天真的安徒生，按捺不住歡欣的情懷，寫了一首歌頌瑞典的詩，把瑞典、挪威與丹麥的百姓，大大的推崇了一番，這首詩奠定了他北歐詩人的地位。

1840 年他遊歷了義大利、希臘、君士坦丁堡。

1843 年安徒生再次離開哥本哈根，前往巴黎。距離上次去法國已有十年，他從丹麥出發，經過德國、比利時……又來到巴黎。他除了避開丹麥寒冷的冬天外，同時也避開丹麥評論界無情的批評和攻擊。

他曾在自傳中說過：「最熱忱的鼓勵來自國外，這使我精神抖擻，……在國內有誰真正注意、培養過我？……人人都千方百計的壓抑我的成長，但是上帝希望

我繼續發展下去，所以祂從國外送來了陽光。」＊

　　安徒生相信「老天有眼睛在看著你的」，他相信在讀者中存在著一股巨大的力量，像光和熱一樣，溫暖著他的心，也支持著他不被擊倒，只要不放棄，他在丹麥國內也會站得住腳，總有一天會得到他應得的尊重。

與雨果的交會

　　法國的巴黎和義大利的羅馬一樣，都是當年歐洲的文藝中心，再次到了巴黎，安徒生又見到了雨果，這位寫《悲慘世界》

放大鏡　＊華茲華斯是英國著名作家、詩人，他對安徒生鼓勵有加，也對年輕的安徒生初出文壇，就備受國人攻擊，很表同情。他後來與安徒生相遇，曾對他說：「你寫詩時還是少年，但我相信你將來一定有成就……事實證明，我沒看錯。」
　　另一位安徒生的知交沙美蘇，對安徒生的新作品，他都會評介、推崇。他總是說：「安徒生的文字輕鬆、生動，把生命灌輸到人物與風景中。」

的法國作家，也是浪漫主義*的領導人，他比安徒生年長三歲。十年前安徒生第一次到法國時就貿然的去他家拜訪。安徒生當時還是文壇的小卒，雨果根本不認識他，使他失望而回。

這次可不同了，十年之間，安徒生已名滿天下，雨果知道安徒生在丹麥老受評論界攻擊，特地帶安徒生到法蘭西劇院看一齣悲劇作品，這劇本是雨果寫的。這齣戲每晚都在劇院演出，觀眾噓聲不斷，演出非常失敗。可是，雨果夫婦不僅不因此感到灰心失望，還陪著安徒生一起觀看，這使安徒生好感動，對於他自己在國內遭到的批評和不屑，

放大鏡

*浪漫主義 歐洲在 19 世紀初期，浪漫主義已漸漸取代了古典主義，這個新的文藝傾向於自我解放、對美的憧憬與抒情成為撰寫的主題。華茲華斯、拜倫、喬治‧桑等都是著名的浪漫主義作家。

也就比較釋懷了。

再次來到巴黎，安徒生可沒忘記他的老朋友海涅。他專程去拜訪海涅，這次見到他時，在他們家有一屋子的孩子，海涅輕摟著他美麗的妻子，幽默的介紹：「這些孩子全是從鄰居家借來的，我們還沒有孩子呢！」隨即拿出一首他寫的詩送給安徒生。這舉動不僅代表海涅把安徒生看成一位詩人，同時也待他如名人。

此外，安徒生也見到了許多文學界的名人。在法國他真是如魚得水，他把這一切全寫進了日記，顯示出他一直珍惜與文友間的友情。

在德國與格林兄弟相會

由於安徒生來自工人家庭，沒有受當時歐洲的禮儀教養，而他又急於認識文學名家，常常會貿然登門拜訪。在德國格林兄弟

住處，也上演如在法國雨果家那種尷尬場面。

1844 年，安徒生來到德國，他也顧不得沒有介紹信，便貿然跑去拜訪當時已有童話大師盛名的格林兄弟。當女僕問他要見格林兄弟中的哪一位，他脫口而出說：「作品最多的那一位。」其實他也不知道哪位作品多。

「喔，那就是哥哥雅克布‧格林了。」

女僕領著安徒生進屋，雅克布冷靜機警的打量他，心想：「誰會這樣冒失，不請自來呢？」

「我到府上拜訪，沒有帶介紹信，不過，我想你應該不至於不認識我吧！我是漢士‧安徒生。」有點不知天高地厚的安徒生說。

雅克布覺得有些困擾的說：「對不起，我不曾聽過。不知道您是不是寫過什麼作品？」

安徒生很窘，他說了一些自己的童話作品，又提及他寫的《即興詩人》和一些小故事，對方還是搖搖頭表示沒聽過，真叫安徒生尷尬不已。

安徒生趕緊又說：「丹麥已出版了一部童話集，其中有我的作品。」

雅克布很難為情，他真的不知道關於安徒生的事情，困窘的說：「您說的那本書我還沒看過。這樣好了，讓我介紹您認識我弟弟威廉吧！」

這情景讓安徒生非常難堪，「不了，謝謝您！」安徒生說完就急忙告辭了。

過了幾個星期，雅克布‧格林到了丹麥，剛下船就特地去拜訪安徒生，兩人會面時間雖然不長，卻相談甚歡。當安徒生再次到德國拜訪時，他們就成為朋友了。

幾年之後，安徒生又到了德國。某個夜晚，安徒生在一位伯爵夫人家裡見到了雅克布‧格林的弟弟威廉‧格林。他對安徒生的作品給了精彩的評語：「你的想像力會使孩子增加樂趣。」他又說：「上次在德國，哥哥不認識你，讓你那麼尷尬，真的很抱歉！如果是我，一定立刻可以認出你來。」

這次在柏林，格林兄弟陪著安徒生到處旅行。他們傾聽安徒生講故事，並對安徒生的作品發表他們的看法。他們一致認為安徒生的童話富有想像力，並且老少皆宜。這使安徒生大受激勵，也對格林兄弟真誠的態度非常感動，三人相處得非常愉快。

在離開德國之前，安徒生受到了當地國王的表揚，獲頒勛章，這是他一生中第一次接受這種殊榮，興奮之情溢於言表。這

趟德國之行，真是太令人難忘了！在返回丹麥途中，丹麥國王克里斯帝安八世也因他文學上的成就，授與他勛章。兩天後他回到丹麥，他寫的「克里斯帝安」正在劇院上演。這齣戲的歌詞就是安徒生寫的，具有真正的丹麥特色。

　　1847 年，安徒生又從哥本哈根出發，經過荷蘭到英國訪問。在荷蘭停留的幾天中，他受到了盛大的歡迎，宴席中全是文藝界的名流，在這詩人、作家、畫家與演員齊聚的場合，充滿了對安徒生熱情的賀詞。大家很感謝柯林士先生對安徒生的栽培，今日文壇才有安徒生這顆閃亮的星星；恭賀安徒生得到國王贈與的勛章，還祝福安徒生將來也會接到上帝頒給他的一枚勛章，因為他寫了那些誠摯動人的童話。他就像神祕花園裡的精靈，揮舞著

手中的魔法棒，將這世界點綴得
五彩繽紛。

與狄更斯的情誼

安徒生從荷蘭到了倫敦，這
是他第一次來英國。他受邀在布
來辛頓女士家中做客，正為布萊
辛頓女士在自己的作品上題字簽
名時，狄更斯翩然來到。安徒生
見到狄更斯，開心的上前相迎，
兩人熱情的握手後，很快便親切
的交談起來了。＊

安徒生讀過狄更斯的巨著
《塊肉餘生記》後，就一直想見
見這位大文豪。他覺得狄更斯少
年時，由於家境貧苦，輟學打
工，但因為心中有夢，不被困苦
的環境打倒的積極上進，和他自

放大鏡 ＊安徒生與狄更斯初識時，狄更斯的文名已傳遍
大西洋兩岸的英、美各地，他寫市井小民的生活及幽默風趣的故事，
非常受歡迎。

己很相似。如今見到了狄更斯，感情豐富的安徒生更深深被狄更斯的熱情、誠懇、真誠所感動，淚水盈眶。

在布來辛頓女士家結識之後，安徒生與狄更斯常常交換寫作意見與看法。狄更斯還把自己的作品寄給安徒生，並在書的扉頁題上「你的愛慕者——狄更斯贈送」。

狄更斯也邀請安徒生到他的住處作客。他把孩子們叫來，他們可都是安徒生的讀者呢！孩子們一一親吻了安徒生，並對他說：「我們都好喜歡讀您的童話。」安徒生很喜歡孩子，更希望孩子們都愛讀他的作品，聽到孩子們對他的稱讚，他更加欣喜。

安徒生在狄更斯家受到熱情親切的招待，他們除了談彼此的寫作外，狄更斯也很關心安徒生的收入。當他得知安徒生的稿費

微薄，還一直住在朋友家或旅社，連房子都買不起時，曾大為驚訝。當狄更斯在英國已名利雙收時，安徒生還得忍受自己國內文藝界的批評與排斥，這使狄更斯大為不平。

在這個愉快的夜晚，安徒生分享了他們家庭的溫暖，在心靈上更找到了知己。臨別時，狄更斯不僅到碼頭相送，還走到船上對安徒生說：「我想再次與你告別。」他們兩人緊握著手，依依難捨。

安徒生從英國回到丹麥後，在聖誕節即將來臨時，將一本新出版的童話集寄給狄更斯當聖誕節禮物，並附了一封信給狄更斯：

親愛的狄更斯：
我又回到了丹麥安靜的家，但每天都在想念親愛的英國，

因為在那裡的日子，我的英國朋友把我的生活變成了動人的故事。

我正忙於寫一部更大的童話作品，我也有強烈的願望，把我的詩歌移植到英國。做為聖誕節的祝福，因此我把它寄給你——我親愛而且卓越的朋友——查爾斯‧狄更斯，您一直是我尊重的作家，從我們相識之日起，您就常在我的心中。

是您的手在英國海岸上緊握了我的手，是您在英國碼頭向我揮別，在此，我也從丹麥向您致上我回國後真誠的問候。

安徒生

1847.12.6

狄更斯接到信和書後，也回了一封非常熱情的信：

親愛的安徒生：

多謝您的聖誕禮物，我無法告訴您，我是多麼珍惜像您這樣有天賦的人所贈的書，您的書我們全家人都很喜歡，尤其是我，一讀再讀，愛不釋手，謝謝您讓我們過了一個愉快的聖誕節。

與您一樣，我也時常想念您在英國的日子，您我的友情，我將加倍珍惜。

查理斯·狄更斯

回到丹麥後，安徒生出版了自傳《我生命的真實故事》。書中記載了他前半生的經歷與感受，以及歐洲當年的文學、藝術活動，還有他旅行的各地風土民情，他的勤快和用功，為後人留下了許多探討他一生事跡的資料。

這些偉大的靈魂，在異國交會，迸裂出燦爛的光輝，讓後人津津樂道。

6

童話故事的開始

生活本身就是美麗的童話。

　　安徒生喜歡說：「生活本身就是美麗的童話。」其實他的童年，就是一個孕育童話故事的溫床。小時候與奶奶去醫院時，那些老太太講的傳說、爸爸編造的有趣故事……，都清晰的印在他的腦海中。在他名聞遐邇時，他的作品卻一直無法得到丹麥評論界的肯定，難道是他不該寫詩、寫小說？這個時候，兒時的那些鄉野故事悄悄鑽進腦中，安徒生利用自己的想像，將這些故事加上生動美妙的字彙，改編成情節曲折多變的故事。他將這些改編的故事，說給別人聽，沒想到竟大獲歡迎，從國王到老百姓都深受吸

引。他每到一個地方都有聞風而到的人群，大大滿足了他喜歡受人注意的心願，更重要的是，從講故事的過程中，他的心情也得到舒緩。尤其是每到有小孩的朋友家，孩子們都喜歡聽他講故事，更使他對創作童話產生了興趣。

〈小伊達的花兒〉

有一次，安徒生到詩人朋友西勒的家做客，見到西勒六歲的女兒伊達正對著一束已凋謝的花，淚流滿面的發愁著。

「我的小花怎麼死了？」她淚眼汪汪的問著安徒生，「昨天晚上還開得那麼美麗，但是現在全枯萎了，為什麼呢？是什麼原因讓我的小花變成這個樣子？」

「它們累壞了，」安徒生說：「這些花兒昨天晚上參加了一個舞會，一直玩到很晚才回家，所

以都累得垂頭喪氣了。」

「可是這些花不會跳舞啊！」小伊達說。

「它們當然會跳舞，每天當大家都睡著了以後，它們就悄悄的去跳舞了。」

「小孩子也可以去跳舞嗎？」小伊達感到好有趣。

「當然，所有的花兒，像菊花和百合也都會去。」

「它們都在哪兒跳舞啊？」小伊達越來越覺得好玩。

「在皇宮的古堡裡啊！皇宮前面有一個池子，你不是常去那兒餵天鵝嗎？池子的旁邊開滿了美麗的花朵，你的小花們就是在那後面的古堡裡跳舞啊！」

「可是昨天我和我媽媽去那兒的時候，池子旁邊一朵花也沒有，它們都到哪兒去了？」

安徒生覺得小伊達的問題太有意思了，他把小伊達抱在膝

上，開始告訴她花兒如何去皇宮跳舞的故事。

「它們都去跳舞了。你知道嗎？國王和皇后每年都只有夏天住在皇宮，當國王一家來的時候，花兒都開滿了，可是國王一離城，花兒就都跑到古堡去跳舞了，那最美最大的兩朵玫瑰花就坐到國王和皇后的寶座，還有紫羅蘭和一些美麗的小花都排在兩旁，它們都一起跳舞……」

「可是，皇宮裡不會有人趕它們嗎？」

「皇宮裡有一位管家，他手上會拿著好多鎖匙，當他晚上巡邏時，那一串鎖匙就會叮叮噹噹響，大家聽到聲音，就趕快躲在窗簾後面不出來，等他走了再玩到天亮也沒人管。」

安徒生又接著說:「你如果偷偷從窗縫看進去，你就會看到花兒在裡面，我今天就看到黃色的

百合躺在沙發上伸懶腰……」

六歲的伊達聽得入迷了。這位叔叔這麼有趣，他說的故事太好玩了。

後來，安徒生把這個故事說給別的小朋友聽，大家也都聽得入迷，於是他把這寫成童話〈小伊達的花兒〉。就這樣，安徒生的童話故事都是先用口頭講述，然後再寫成文字，保持了通俗口語特色，更有朗朗上口的韻味。

安徒生出版的第一本童話集中，收錄了〈小伊達的花兒〉、〈豌豆公主〉和〈大克勞斯和小克勞斯〉等篇。這本童話集中只有〈小伊達的花兒〉是他的全新創作，其他的故事都是由傳說或他聽來的故事，加以改編而寫成的。

安徒生的童話集一出版就大受歡迎，但是丹麥的評論界還是不屑一顧，連親如手足的柯林士

的兒子愛德華都反對他，批評他不該寫童話，應該專心寫像《即興詩人》一樣的小說，但是安徒生已決定把今後的寫作重心放在童話上，因為孩子們都愛他的童話故事。孩子是國家的未來，如果能讓孩子高興，他很樂於繼續為他們寫作。

〈拇指姑娘〉

還記得安徒生的另一篇著名的童話〈拇指姑娘〉嗎？其實這位拇指姑娘就是吳爾夫家的小女兒艾達的化身。安徒生在讀拉丁文學校時，吳爾夫一家對他特別照顧，他和艾達感情特別好。艾達從小因為體弱又駝背，所以個子顯得特別小，但是個性溫柔又善良，安徒生總是開玩笑的叫她「拇指姑娘」。這位拇指姑娘在他腦中住了好久，終於化做文字

......

　　一朵美麗的鬱金香花中，坐著一位只有半個拇指長的拇指姑娘，漂亮的胡桃殼是她的搖籃，紫羅蘭花瓣是她的墊子。有一隻癩蝦蟆想要娶她當老婆，可是她不喜歡癩蝦蟆，她在小魚的幫助下，乘著一片睡蓮葉逃走了……

　　流落異鄉的拇指姑娘受到田鼠的照顧，在他家裡幫傭，偶然救了一隻快要凍死的燕子，後來田鼠要拇指姑娘嫁給鼴鼠，她哭著不肯答應。燕子為了報答她，把她帶到一個陽光燦爛的國度。在那兒，每一朵花中都住著一個個小小的男人或女人，就在那朵最美麗的鮮花中央，坐著一位有白皙皮膚的男人，他頭戴華麗的王冠，肩上披著發亮的翅膀，這就是他們的王子。這位王子很喜歡拇指姑娘，取下王冠戴在她頭上向她求婚。拇指姑娘也喜歡王子，便答應了他的求婚，於是拇

指姑娘便成了一切花兒的皇后。

我們可以想像，安徒生寫這篇童話時，一定是從寒冷的北歐丹麥旅行到陽光普照的南歐。安徒生愉快的心情全寫在故事裡，讓故事充滿色彩。想像一下：那肩上披著閃亮翅膀、頭上戴著華麗王冠、坐在鮮豔美麗的花兒中間的英俊王子……多麼美麗的場景！說不定那白皙皮膚的王子，就是安徒生想像中的自己呢！

〈人魚公主〉

安徒生已掌握了童話的妙處，那口語化的生活語言，以及他似真似假的把自己的生活經驗加入，不僅彌補了他現實生活中的不如意，心情上也獲得了抒發。他寫童話的興趣越來越濃厚，當他想起自己那一段失敗的初戀，再加上一些愛情故事的想像和憧憬，一個個畫面出現在眼

前，於是〈人魚公主〉的故事就產生了……

六個由奶奶教養的小人魚，個個都出落得美麗動人，尤其是最小的人魚公主最是美麗。她的皮膚又白又嫩，眼睛是如海水般的蔚藍，她最愛聽奶奶講人間的故事。十五歲那年，奶奶給她戴上百合花瓣做成的花環，讓她把頭伸出海面去玩。

從沒見過外面世界的人魚公主，看到了許多好玩的東西。一艘華麗的大船停在海上，船上傳來歡樂的音樂聲，上百盞五彩的燈點亮了海面。人魚公主看到一些穿著華麗的人，其中最吸引她目光的是一個年輕的王子。王子多麼英俊啊！她已深深的愛上王子了！沒想到，入夜後海上颳起大風浪，將王子乘坐的船打翻了，人魚公主趕緊將王子救到岸邊，自己又躲回了海裡。可是王

子不知道是人魚公主救了他，反而對著自己睜開眼睛後所看到的女孩微笑，以為是她救了自己。

回到海底後，人魚公主非常想念王子，「我情願用我在海底的幾百年生命去換取幸福。」為了愛，她情願用生命去換取。

「可是，我們在海底認為最美麗的東西，就是妳的魚尾，但是，陸地上的人類卻只有腿。他們不會喜歡妳的。」奶奶告訴她。

人魚公主實在太想念王子了！於是，她不顧危險，去找大海裡的女巫，願意以自己的聲音交換一雙美麗的腿。女巫告訴她，如果她沒有辦法得到王子的愛，她將在王子和別人結婚後的第一個早晨，化為海上的泡沫。人魚公主為了愛情，甘冒危險。女巫施展魔法，呼嘩——一陣煙霧散去後，人魚公主果然多了一雙美麗的腿。

　　人魚公主來到皇宮，果真得到了王子的喜愛，她成為王子的僕人，每天待在他身邊，可是人魚公主沒辦法告訴王子自己有多愛他，她如黃鶯般美妙的聲音已交給女巫了。結果，王子決定要娶另一位公主了，因為這位公主正是王子遇難後第一眼看見的人。就在人魚公主傷心欲絕的時候，她的姐姐們用她們的頭髮向女巫換了一把刀，並告訴她：「只要妳將刀刺向王子的心臟，就可以變回人魚，而不會化成泡沫了！」

　　最後，她選擇了成全深愛的王子，而不願傷害他。就在王子婚後的第一個早晨，人魚公主化成了泡沫。上天因為她的深情與善良，把她變成了精靈，隨著風四處遨遊，為人們帶來幸福。

　　現在〈人魚公主〉已成為家喻戶曉的童話！丹麥政府為了紀

念安徒生，特地在哥本哈根的海邊雕塑了一尊人魚公主像。那孤獨的坐在岸邊面對著大海，好像在等待著王子歸來的人魚公主，吸引了成千上萬遊客的注意，成為哥本哈根著名的觀光景點之一，就連到海邊散步的人都不會錯過。

〈國王的新衣〉

大家都讀過〈國王的新衣〉吧？對了，就是那位喜歡穿漂亮新衣服的國王，他幾乎把所有的錢都花在衣服上，他不僅不關心他的人民和軍隊，也不喜歡去看戲或聽音樂，只對衣著有興趣。有一天，來了兩個騙子，他們自稱是世界上最好的裁縫，可以縫出具有奇異作用的衣服，就是只有聰明和稱職的人才看得見的衣服。國王很想知道哪些官員稱職或不稱職，也想知道誰聰明誰

笨，於是重金禮聘這兩個騙子來做衣服。

大臣們看到兩人在那空無一物的織布機上做出織布的樣子，都不敢說出真話，誰願意承認自己什麼都沒看見，還是自認不稱職或是愚笨呢？就連國王也看不見什麼衣服，卻也不敢說出真話，只在心裡自言自語：「我怎麼什麼都看不見？難道我不配做國王？這可真是一件可怕的事。」

兩個騙子裝模作樣的給國王穿上衣服，這一絲不掛的國王，穿著聰明人才能看得見的新衣，在大街上遊行。看到的人都不敢說出實情，還不斷稱讚著：

「這衣服多美啊！」

「多麼好看的花紋啊！」

……

一直到一個小孩疑惑的說：「可是他什麼衣服也沒穿啊！」

這孩子天真的話一說出口，

大家都低聲的傳遞著。

那個沒有穿衣服的國王……

安徒生寫出這篇老少都喜愛的童話後，不僅銷路好，而且得到劇院的青睞，把〈國王的新衣〉搬上舞臺。這齣戲演出時，劇院裡充滿了笑聲，使全哥本哈根的人都認識了這個愚蠢而且光著身子的國王。〈國王的新衣〉也成了家喻戶曉的故事了。

此時，安徒生除了繼續寫作童話之外，他還從自己的生活經歷中，提煉出寫一部小說的材料，那就是半自傳半小說的《孤獨的流浪者》（又名《只不過是一個提琴手》），於是，在童話與長篇小說的兩條路上，安徒生樂在其中，寫作不休。

〈夜鶯〉

就在安徒生的童話大受歡迎，文名遠播的時候，他認識了

一個對他精神上產生深遠影響的人——珍妮林。珍妮林是瑞典籍的歌唱家，當時剛剛出道，而安徒生已是名聞遐邇的大作家。珍妮林讀過安徒生的作品，安徒生是她喜愛的作家之一，她對他早已仰慕不已。而安徒生聽了她宛如夜鶯般婉轉的歌聲之後，想起自己小時候站在後院唱歌，幻想著仙女帶他飛到神祕而美麗的中國的情景，如今珍妮林甜美悅耳的歌聲，使他魂牽夢縈，使他驚為百年來稀有的世紀之音，使他靈感澎湃，寫下了〈夜鶯〉這個作品。

在皇宮的花園裡，有一隻歌聲婉轉悅耳的夜鶯，每一位聽過的人都對牠的歌聲難以忘懷，但是皇帝卻還沒有聽過，於是他派人費了九牛二虎之力，好不容易找來了夜鶯，為他獻唱。皇帝聽完之後太喜歡牠了，把牠留在宮

中。但是夜鶯不願被困在皇宮裡，更不願與機器的人工鳥兒對唱。牠飛出皇宮，觸怒了皇宮上下官員，慫恿皇帝從此把牠放逐，不准牠接近皇宮。可是後來皇帝聽厭了千篇一律的人造鳥兒的歌聲，非常想念夜鶯悅耳的聲音。一直到皇帝病危，夜鶯才偷偷飛回皇宮，為皇帝唱歌，將皇帝從死神的手中喚回來，並且使皇帝看清了在他周圍搬弄是非的小人。夜鶯高貴的心，使牠不只為皇帝歌唱，也為大眾而唱。

〈醜小鴨〉

哥本哈根的冬天漫長而寒冷，喜歡旅行的安徒生，一到了冬天，就耐不住刺骨的北風，期望著春日的來臨。這一年的春末，他又到了他所喜愛的田莊，那17世紀的建築，正面對著一湖碧綠湖水，湖上有悠游的白鵝，

岸邊是含苞待放的花兒，看著這優美的景致，使安徒生想起了他的過去。

辛苦了多年，三十五歲的他，有許多感觸。困苦的童年，在拉丁文學校受排斥和壓抑的青春期，到如今成為已出版了詩集、童話與小說的名作者，安徒生心有所感，用一年的時間，寫下了〈醜小鴨〉的故事。

鴨媽媽正孵著蛋，等待鴨寶寶破殼而出。終於所有的鴨寶寶都孵出來了，只有一個蛋始終沒有孵出小鴨。

有一隻鴨子說：「說不定是火雞蛋哦！把它丟掉好了。」

鴨媽媽捨不得，還是照樣耐心孵著蛋。過了幾天，這個蛋終於孵出了一隻鴨子，只是這隻鴨子長得又大又醜，跟其他的小鴨子一點都不像。

「多難看的小鴨子啊！」不管

是其他的鴨子、火雞，還是餵鴨的女僕都這麼覺得。

　　那些鴨哥哥、鴨姐姐都有著黃茸茸的羽毛，長得很好看，他們看這隻灰黑黑的小鴨，醜死了！大家也都取笑著牠，叫牠醜小鴨，而且不斷的欺負牠。

　　鴨媽媽心裡也想著：「怎麼這麼醜，要是沒把牠孵出來就好了。」

　　醜小鴨受不了大家的欺負，終於逃跑了。牠跑到一片沼澤，把那裡當作是休息的地方，捱過了幾天。之後，有兩隻從遠方飛來的大雁，看醜小鴨醜得挺可愛的，便告訴牠說：「你要不要和我們一起走呢？去當隻候鳥，總比你窩在這裡好。」醜小鴨高興極了，正想回答時，忽然──

　　「砰！砰砰！」槍聲響起，大雁被打死了。

　　醜小鴨嚇死了，趕快藏到蘆

葦中，把頭縮到翅膀裡。獵人們收起了槍，放出了獵狗，那些大狗四處尋找大雁的蹤跡，有一隻獵狗跑到了醜小鴨的身邊，可把醜小鴨給嚇得半死，大狗聞了聞牠，大概是嫌棄牠醜吧，碰也沒碰牠就離開了。

這時候，突然刮起了暴風雨。

醜小鴨拼命跑著，好不容易經過了一個農家的門口，牠想也不想就鑽進去了。屋子裡有一隻公貓和一隻母雞，醜小鴨不敢作聲，悄悄的蹲在角落裡打瞌睡。

第二天農家的女主人看到醜小鴨，高興的大叫：「啊！撿到了一隻鴨子，說不定會生蛋！」就收留了醜小鴨。可是過了三個星期，醜小鴨一顆蛋也沒生。

女主人好失望，那公貓也瞪大著眼睛質問牠：「你會生蛋嗎？」

「不會。」

「那你沒有表達意見的資格，以後沒事閃遠一點！」公貓惡狠狠的說。

醜小鴨好傷心，「我真想念那碧綠涼快的池塘，多麼想在水中自由自在的游來游去。」

一天，牠走到池塘邊，只見一隻潔白的天鵝，正在那裡游泳。

「這是多麼神氣又好看的鳥啊！」

天鵝輕拍著翅膀，優雅的扭動著身子。

醜小鴨真想接近牠，心想：「像我這麼難看的小鴨子，說不定會被牠啄死，不過，即使被啄死也沒什麼關係。」

「撲通」一聲，醜小鴨跳入池塘。那隻天鵝馬上張開翅膀游了過來。

「請你啄死我吧！」醜小鴨低頭游到天鵝面前說。

可是當牠看到水面的倒影，卻驚訝的無法相信，因為牠已不再是那隻難看的小鴨子了，而是全身長著漂亮羽毛的天鵝！

小朋友叫鬧著跑來，一面把麵包丟到水裡，一面叫著：「新來的天鵝，你過來啊！你好可愛哪！」

變成天鵝的醜小鴨，自言自語著：「當我還是一隻醜小鴨的時候，怎麼會想到有今天的幸福呢？」

故事中的醜小鴨受盡委屈，經過寒冬的煎熬，終於等到春天的來臨，醜小鴨看到了美麗的天鵝，怯懦得不敢接近，等到接近了才發現自己竟然已經變成天鵝了。

這不正是安徒生自己的寫照嗎？那故事中是否也蘊含著他對自己身世的感懷？

安徒生把這篇〈醜小鴨〉獻

給柯林士，在扉頁上寫著：「獻給我的恩人，我的父親——柯林士先生。我的著作，一方面是屬於我的，也是屬於我父親的，我心中充滿了感激之情——請父親接受。」

柯林士讀後，感動落淚。

寫完這個故事後，安徒生常常沉入往日的回憶中，所有從奶奶或爸爸那兒聽來的故事，時時在他的心中浮現，不愁沒有寫作的題材。他把聽來的故事，用他的想像，加上文學的描繪，一篇篇的作品就不斷的產生了。

〈賣火柴的女孩〉

在他寫作的全盛時期，想起當年媽媽對他說：「你的命實在太好了，我們都把你寵壞了，我在你這個年紀的時候，每天都要出去乞討，有時候討不到錢，不敢回家，只好躲在橋下哭泣。」

　　媽媽的臉時時浮現在安徒生的眼前，她一生困苦的日子，讓安徒生寫下了一篇感人的童話──〈賣火柴的女孩〉，那好像就是他母親的寫照。

　　一個冬天的黃昏，那正是除夕夜呢！路上行人匆匆，家家戶戶都忙著準備過年。沒有人注意到有一個小女孩，身上只披著圍巾，腳上原本穿著的一雙破拖鞋卻不見了。她手裡拿著一包包火柴兜售，可是誰也沒理她……。

　　天黑了，氣溫越來越低，小女孩又冷又餓，可是火柴沒有賣掉，她不敢回家。看著家家戶戶升起的火爐，燈光下，端上桌子的烤鵝、火腿，小女孩不斷的吞著口水……。

　　刺骨的寒風，呼呼的吹著。

　　「要買火柴嗎？賣火柴啊！」小女孩冒著雪，沿街叫賣著。

　　她的一雙小手快要凍僵了，

她找到一個可以避風的牆角坐下來，把腳縮起來。如果有一根火柴就可以暖暖手了，她抽出一根火柴在牆上擦了一下，啊！它變成了一朵美麗的火焰。

「哧——哧——哧——」小女孩不斷的擦著火柴取暖。

一根，兩根，三根……

映著火光，照著雪片。

五根，六根，七根……

火光把四周都照亮了，她看到了家家戶戶餐桌上的火雞……

火光使小女孩的手得到了溫暖……

雪越下越大，小女孩越來越冷，最愛她的奶奶，早已去世很久的奶奶，突然在火光中出現了。

「啊！奶奶！」小女孩叫著：「請把我帶走吧！」

「我可憐的孫女兒啊！來，快來吧！讓我抱著妳，緊緊的抱

著妳……」

火光變成了一道美麗的彩虹。老奶奶抱起小女孩，兩人快樂的越飛越高，越飛越高，飛到沒有寒冷也沒有飢餓的地方……

雪，還是不停的下著。

雪花紛紛的從天上灑下來，一層層的雪花，淹沒了大地，淹沒了那小小的蜷曲的身體。

第二天在街角上，有一個縮成一團、被雪埋在下面的小女孩，早已凍僵冰冷。

有個圍觀的人，看著女孩周圍那些燒光的火柴頭，說道：「真可憐！她只是想讓自己暖和一下。」可是，誰都不知道她曾經是多麼快樂的與奶奶擁抱在一起，向新年的幸福飛去。

正如安徒生說過的話：「人生就是有許多苦難，我一直經歷著窮苦的折磨，但我決心不被打倒。」這故事彷彿也說出了他心中

的信念，再悲慘的命運，都有光亮的結局。

除了這篇〈賣火柴的女孩〉之外，安徒生也以母親為人辛苦洗衣裳為故事背景，寫了一篇〈她是一個廢物〉。安徒生用諷刺的筆法，寫一個洗衣婦在冬天冰冷的水中站了一天，不斷替人洗衣服，以維持生活。但市長卻非常輕視她，說她是「一個無用的人」！窮人無助無依，無錢無勢的日子，安徒生深有感受，才能寫得如此深刻感人。

安徒生的童話創作越來越受人歡迎，因為他常用貧苦老百姓的角度去看世界，很受到大眾的喜歡，例如，可憐的〈賣火柴的女孩〉，十分賺人熱淚。他又寫了〈母親的故事〉，就是以他母親那樣貧苦的婦女為故事的主人翁。故事中，那位冒著大風雪在黑夜裡到處尋找孩子的母親，為

了問路，不惜把一雙眼睛交給了湖泊；用自己的胸脯溫暖了快要凍死的荊棘，使荊棘長出綠芽；為了進入有魔法的死神花園，拿一頭黑髮向看門的老太太換一頭蒼老的白髮……。安徒生寫這篇童話時，想起自己的母親，因此非常的投入。

安徒生小時候沒有交上什麼同年的玩伴，倒是成年後，因為寫童話，使他與小朋友結下了不解之緣。小時候沒有人欣賞他富於想像而有趣的一面，也許是因為小時候長得古怪，總受到同伴嘲弄，養成他不愛與人交往的孤僻個性，長大後他稍胖了些，鼻子顯得不那麼大了，臉也變得慈祥，嘴角總是時時掛著笑容，說話又幽默有趣，衣著也不再奇怪邋遢，最重要的是他很喜歡孩子，永遠保持一顆童心。孩子們

越來越喜歡他，特別愛聽他講故事，他自己從說故事中得到很多樂趣，於是篇篇精彩的故事就產生了。

安徒生後來以「故事集」為書名，因為他不想用「童話」二字局限了讀者，他的作品是給大人和小孩看的。＊安徒生一直非常在意他的讀者，他希望是老少都愛讀他的書，也希望自己的作品不只是兒童閱讀的童話故事。

放大鏡 ＊在丹麥，「故事」兩字可以指充滿想像的童話，也可以指普通的故事，因此故事集中收進了許多民間的傳說與故事。

7 尋找溫暖的家——
四海為家處處家

　　安徒生從十四歲離開故鄉獨自奮鬥，到如今名滿天下，心中一直想找個家安定下來，享受家庭溫暖。但是喜歡旅行的他，卻像候鳥一樣，居無定所，不是住旅館就是住朋友家，他曾在寫給朋友的信中提到：「像你那樣有自己的房子，是多麼幸福啊！我卻像候鳥一樣，總是在別人的屋子找棲息之處。」言語中充滿了渴望有一個家的心願。

　　安徒生其實有能力擁有自己的房子，但是他嚮往的是一個溫暖的「家」。從他的三次戀愛中可以看出他渴望家庭溫暖的心情，然而三次戀愛都沒有成功，在心灰意冷之餘，不再對成家抱任何希望。但是在他的文名遠播之後，處處受到文友招待，他真

的是像候鳥一樣飛來飛去，以天地為家，住進了每位喜愛他作品的人們心中。

初戀的情人

1830 年，二十五歲的安徒生，除了歐登塞和哥本哈根之外，沒有去過很多地方。他覺得旅行也可增長見識，對寫作更是大有幫助，因此計劃出門旅行。在當年旅遊不普遍，交通也不方便的情況下，他決定到丹麥境內的島嶼去看看。沒想到，讓他嘗到了初戀的滋味。

安徒生在旅行中，因為受到很多人歡迎，使他低沉的情緒高昂許多，於是他決定延長旅行計畫，並拜訪大學同學。同學的妹妹呂珀格，非常喜愛安徒生的作品，對安徒生更是仰慕已久，使正當年少的安徒生受到鼓舞，他從小沒有朋友，除了在拉丁文學

校時認識了吳爾夫的女兒外，很少能有機會與互相投合的異性單獨相處。呂珀格的美麗和溫柔，使一直渴望被人接受與關懷的安徒生心動不已，對呂珀格更有相見恨晚之感，恨不得立即與她組成家庭，享受家庭生活的溫暖。

　　在一時衝動下，安徒生忍不住寫了一首情詩給她：

你是我思維中的唯一思念，
我內心裡從未有過的初戀，
我愛你，
人世間未曾有過的深情，
我愛你，
如今　永恆，深深的……

　　因為當時呂珀格已有婚約，接到情書後，她見到安徒生時有些不好意思，安徒生也很不自在。安徒生不放棄，又寫了一封情書給她，希望她能接受他的

愛，與他一起共創美滿人生。安徒生也寫信給呂珀格的父母，希望得到她家人的支持和鼓勵。

　　但是，很令安徒生失望的是，由於他出身低微，家境富裕的呂珀格受到父母的影響和阻撓，在深思之後，還是依婚約嫁給了未婚夫。安徒生備受打擊，性格上有些轉變，顯得玩世不恭，但是，這件事也激發了安徒生更多的創作靈感，使他的文風變得更加機智幽默。

　　結束了短暫的初戀，卻在安徒生心中留下了永恆的懷念。他一生中念念不忘的，就是這段甜美而深刻的初戀。

再墜情網

　　失戀後的安徒生，感到非常空虛寂寞。沒有自己的家，柯林士的家便成了他精神上最大的避風港。

失戀後的第二年，安徒生在柯林士家看到出落得亭亭玉立的露意絲。以前他一直把她當成小妹妹看待，如今她已長得活潑可愛，而且能與他談論文學、詩集，使安徒生的心湖又溫起陣陣漣漪，忍不住把剛完成的作品當作求婚信送給露意絲，可是露意絲畢竟年紀還小，這份赤裸裸的坦誠熱情，簡直把她嚇壞了，她不僅不敢再見安徒生，並很快的與別人訂婚了。

「是我的熱情把她嚇跑了，」安徒生在日記上曾經這樣寫著：「我是不是有點自作多情？」他自忖著：「我這一生大概是與婚姻無緣了。」

安徒生儘管分享了柯林士家庭的溫暖，但他還是一直覺得自己是「外人」！他們顯赫的家世、溫文儒雅的高貴氣質，常常使安徒生感到自卑。他和露意絲

的戀情就這樣無疾而終……

夜鶯之戀歌

二度失戀後的安徒生，在聽過珍妮林的歌聲之後，又第三次情不自禁的墜入情網。

1843年，珍妮林來到哥本哈根，經安徒生的推介，珍妮林得以在哥本哈根的劇院演出。當時，安徒生每天都去聽珍妮林的表演。在安徒生的眼中，珍妮林不僅面貌姣美，歌聲婉轉，她的演出更是自然而生動，在在都使安徒生回味無窮，簡直為她瘋狂。

他總是對人推薦珍妮林的演出，並大力推崇她的歌聲婉轉甜美:「珍妮林是百年來稀有的世紀之音，她的表演自然而動人，沒有一位畫家能畫出她多彩多姿的面貌。」

不久之後，珍妮林又到丹麥

演出，這時珍妮林已在柏林掀起一陣熱潮，享譽歐洲。安徒生在報上發表評論，讚美珍妮林是一位具有才華而且出色的音樂家。丹麥的民眾都熱烈的歡迎珍妮林，使她深受感動。安徒生更替她高興，珍妮林的成功，就有如安徒生自己的成就一般，此時他的心已深深被她所占據了。安徒生對她表達了愛意，但珍妮林因為安徒生已是文壇名家，而她才初綻光芒，不願放棄她的歌唱事業，因此沒有接受安徒生的追求。

雖然兩人之間的戀情沒有結果，但是安徒生對珍妮林的情意，除了欣賞、仰慕之外，又多了一層敬意，因為在歌唱生涯最成功的時候，珍妮林曾要求劇院把票價提高，把多出來的收入捐給丹麥少年救護協會，救濟那些被父母虐待或遺棄的孩子，珍妮

林那聖潔高貴的情操，更使安徒生畢生難忘。

以天地為家

1845 年，安徒生到了德國，在柏林本來只計劃停留一天，結果因為德國人對安徒生太熱情了，大家都想見他，於是安徒生就將計畫延了三星期。安徒生這趟德國之行，非常愉快，他的童話受到廣大讀者的歡迎，連德國的王公貴族都愛讀，還頒給他勛章。以前在丹麥，曾攻擊、批評他的詩作、小說及劇本的人，如今也對他的童話推崇備至。這時候，珍妮林也在柏林登臺演唱，兩人又見面了。

在沒人邀請的節日裡，成了兄妹的兩位異鄉人，自然而然的更加親密了。

「哥哥，我們一起過除夕夜吧！」珍妮林說。

於是以兄妹相稱的兩人，在柏林共度了一個愉快的新年，也更增進了彼此之間的感情。

在人生的旅程上，安徒生沒有妻子兒女，終身獨居。但是因為有了珍妮林，他不再寂寞，享受了友情與手足之情的溫暖。

尋找溫暖家庭生活的願望，沒能實現，但是在人生的旅程中，除了對珍妮林的愛情昇華為兄妹之情外，安徒生有那麼多文友真誠的友情，也彌補了他沒有家的遺憾。

安徒生本來就對旅行有著極大的興趣，他對文學寫作的熱情，更是他一生一世都不會放棄的摯愛。沒有了愛情，他就全心專注於旅行與文學創作。文學上的朋友、同好，隨著他的文名擴散而增加，他真的是四海為家了。

住進喜歡他作品的人心中

安徒生的童話越來越受歡迎，也因此結交了很多年紀小的朋友。他每到朋友家，都會被小孩子圍繞著，要求他編故事給他們聽。他當然非常樂意！他總是邊說故事，邊把故事中的人物和情節用剪刀剪成，送給小朋友作紀念。

安徒生在剪紙和說故事方面的本事，使他和小孩子結下了不解之緣，他成了孩子們的好朋友，甚至是孩子們最崇拜的人。有一次，朋友家的孩子知道他沒有家，難過得哭了，還把自己最寶貝的小玩具送給安徒生。安徒生一直珍惜著和小朋友間的友誼，孩子們送給他的小東西，他也一直帶在身邊，像在補償自己不曾有過的童年友伴一樣，永遠珍藏。

不僅小孩子愛看他的童話，就連大人也愛讀。王公伯爵更是喜愛聽安徒生說故事，因此，他和廣大的讀者都成了朋友，和國王、皇后以及公主、王子都很友好。雖然沒有自己的家，但是許多人都希望他成為他們的貴賓。

安徒生有著全世界最多的讀者，他一生一共寫了近兩百篇的童話，贏得了「童話之王」的美名。

他在自畫像中形容過自己的「醜」樣子——眼小、鼻大、瘦高腳大，一點也不可愛，他一心想與別人做朋友，但沒人喜歡他，一直到年紀漸漸大了，這隻「醜小鴨」的可愛和多才多藝才逐漸被人欣賞，像天鵝一樣吸引著人們愛慕的眼光。

他真正以天地為家，住進了每一位喜愛他作品的人心中。

8 衣錦榮歸

> 上帝賜給我一盞神燈
> ——文學的才華。

　　現在，沒有人不知道安徒生的名字了！

　　1867年時，丹麥國王給他一個榮譽官職——樞機顧問，故鄉歐登塞推薦他為榮譽市民，他真的是心滿意足了。那年六十二歲的安徒生，真的想回鄉了。當然，最高興的莫過於故鄉的父老鄉親了。

歐登塞的榮譽市民

　　安徒生自十四歲離開故鄉後，多年來都在外地努力奮鬥，雖然也曾回鄉數次，但自從母親去世之後，他就很少回到故里，

一直到 1867 年，故鄉歐登塞市政委員會派專人給他送來了一份請帖，上面是這樣寫著：

我們在此榮幸的通知閣下，我們希望閣下接受您出生的城市——歐登塞頒給您的榮譽市民封號。請允許我們邀請閣下於 12 月 6 日，在歐登塞和我們聚會，我們將把榮譽市民的證書，親手交給閣下。

這個好消息，很快傳遍了全市，這不僅是安徒生一生中的大事，也是歐登塞的空前盛事。一個鞋匠和洗衣婦的兒子能得此殊榮，不僅歐登塞，即使在丹麥，也是空前的。丹麥國王及外國皇家都將頒發勛章給安徒生，在丹麥，還沒有一位作家能得到如此的榮耀！市民奔走相告，全市歡騰。大家是多麼以他為榮啊！

那天，不僅學校放假，讓孩子們有一天美好的假日；商店更是歇業，好讓店員能參加慶典。安徒生知道後，感動極了！

「這麼隆重的歡迎，叫我如何消受得了？」他激動的心情，久久無法平息。

回鄉之行

12月4日，從哥本哈根出發的火車，載著安徒生回到了故鄉歐登塞，車站擠滿了歡迎他的人群。安徒生精神抖擻，容光煥發的走下火車，乘著華麗的馬車緩緩馳向賓館，馬車所到之處，家家戶戶門前都掛著國旗和彩飾，民眾沿街歡呼著：「我們的民族詩人！」

當安徒生乘坐的馬車，進入他童年生長的故里時，夾道歡呼的鄉親，高聲叫著：「漢士，漢士……我們愛你！」

安徒生的淚水模糊了視線，沿途熟悉的景致與房舍，他童年喜歡站在上面唱歌的小山坡，傾訴苦悶愁思的小溪流……一一進入眼簾。他忍不住抬頭向上帝感恩：「這一切都是上天賜我的！」

從小相信「天上有神關照著你」的安徒生，把一切的成就歸於上天的賜福。

他想起小時候和媽媽到田裡撿拾穀穗，被主人捉到，主人要打他時，他不慌不忙的說：「你怎麼可以打我？老天正在看著你呢！」

他也想起在哥本哈根，流浪街頭，走投無路時，那善心的音樂家收留了他，還免費教他音樂。

最令他感恩的是生命中的貴人——他的第二父親——柯林士，為他申請學校，鼓勵他寫作，又建議他周遊各國，因此結

識了世界各地的文豪，連王公貴族都以禮待他……

沿途熱情的歡迎聲不絕於耳，讓安徒生忘記了他困苦的童年，沖淡了親人已經不在的孤獨、感傷。

馬車載著安徒生到了賓館。賓館為了歡迎他，裝飾得金碧輝煌，專為安徒生準備的兩間房間，窗外有松柏挺立，室內則清靜安寧，使他在寒冷的12月天也有溫暖如春的感覺。

第二天一早，裝飾美麗的馬車載著安徒生前往頒獎典禮會場——市議會大廈。他坐在馬車內柔軟的座位上，一陣陣歡呼聲傳入耳際，往外一看，幾百名少年兒童在馬車兩旁，與馬車緩緩同行，還揮動著小旗歡呼。處處彩帶飄揚，國旗飛揚，啊！這是他一生中最偉大的日子！

他極力壓抑激動的心情，這

樣盛大的場面，他從來不敢夢想。馬車前方，就是他爸爸長眠的貧民墓園，再往前行，是他兒時住過的房子，還有他媽媽、奶奶做工的地方。如果他們還在，如果他們能與他分享今日的光榮，該有多麼好啊！

馬車在議會大廈門口停了下來，廣場上站滿了人群，安徒生步行到議會的前臺，向群眾揮手致意，他熱淚盈眶，接受了市長頒給他的「歐登塞市榮譽市民」證書。接著，安徒生非常感性的向全體群眾道謝：

這個城市，我出生的地方，給了我如此崇高的榮譽，使我振奮、感謝，我忍不住想起了「阿拉丁神燈」的故事。我是一個窮孩子，我在那兒走著，上帝看得起我，賜給我一盞神燈——文學的才華，當它在閃

亮時，連外國人也能看到那光芒，當他們說那光亮是從丹麥發射出來時，我的心裡充滿歡喜。我現在又回到故鄉，這裡有我的朋友和鄉親……我感到無比的榮耀和激動。

安徒生在故鄉停留了五天，每天都有無數的人想見他，有無數的宴席等著他出席。六十多歲的他忍受著牙疼的折磨，打起精神與大家同樂，尤其是一群群孩子們，圍著他唱歌跳舞，使他深受感動，忘了病痛，還為孩子們講了許多故事。

在歐登塞的五天中，安徒生也回到了童年住過的房子，回憶起和父母一起生活的童年往事。他在園子裡漫步，想起他用媽媽的圍裙搭起的帳蓬，用自己剪的小紙人演戲；在河岸邊沉思，想起媽媽為人洗衣服的小溪和那塊

石頭，想起她苦難的一生……心中有如刀割，啊！往事如煙……他想起了四十八年前，那位巫婆對媽媽說過的話：「妳的兒子會成為名人，總有一天，全歐登塞的人要以他為榮。」

眼前這一切，是事實，卻又好像是夢境一樣，他真的感到此生無憾了！

五天後，當安徒生要離開時，車站仍然擠滿了歡送的人潮，用一束束鮮花包圍著他。當火車緩緩駛出車站時，安徒生將頭伸出車窗，向揮手的人群告別：「謝謝，謝謝大家。」

火車開向哥本哈根的途中，他想起了那篇〈醜小鴨〉。他想到曾經如何被人欺侮和譏笑，還聽到現在大家說他是最美麗的天鵝。「當我還是醜小鴨時，可從沒想到會有這麼幸福的一天。」

安徒生閉上雙眼，滿足的進

入了夢鄉。

安徒生雖然得到了無數的勛章和榮譽，讀者群遍布世界各地，童話書也一本本的再版或譯成不同的文字，可是，他還是寫作不休。1868年除了發表童話外，他還寫了一本《童話的來源》，使對童話創作有興趣的人，可以有系統的作理論性的探討與研究。

丹麥的評論界對安徒生的童話也開始重視了，他們不再攻擊他，批評家也發表了長文，認為安徒生是兒童文學的經典作家。

安徒生仍然喜愛旅行，居無定所，這些年來他的稿費收入可觀，蓋個房子絕不成問題，但是他夢想的房子——有玻璃屋頂，有大大的寫字檯，還有東方的地毯和裝飾品，以及他的半身雕像——他卻沒能擁有這個心目中與眾不同的房子，因為他尋求的不

是華麗的房子，而是溫暖的家。

隨著年歲增長，他的身體也逐漸衰弱，本來就有牙痛的毛病，這幾年來，還常常咳嗽，他生病的消息傳遍四處後，成千上萬的人都掛念著他。

1869 年，安徒生又去法國旅行，一直到次年 3 月才回到丹麥，然後又去了挪威、義大利、瑞典等國，也出版了最後的一批童話。

1875 年 4 月 2 日，在安徒生七十歲生日那天，國王派華麗的專車把安徒生接到皇宮，為他祝賀，並再次授予他勛章。安徒生還到皇家劇院欣賞了戲劇演出。生日過後，安徒生的身體沒有好轉，他的許多旅遊及寫作計畫都不得不停頓下來。他本來一直保持著寫日記的習慣，也因他的身體狀況不允許，而在 6 月間暫停了。到了 8 月，他發起高燒，4

日早上，他在熟睡中去世，享年七十歲。

雖然安徒生離開了人間，但是他的精神並沒有消逝。他的著作一直流傳，不斷有人閱讀。一代一代的人，透過童話與他見面。他，永遠活在人們的心中！

後　記

　　安老師說完了安徒生爺爺一生的故事後，看著大家都還意猶未盡的沉醉在童話裡，她打破沉默，告訴大家：「有人讀了安徒生的童話，嚮往他的祖國，因此特地到丹麥去旅遊。在安徒生去世後，丹麥首都哥本哈根市，有個完全根據安徒生童話設計而成的迪佛利公園，每年吸引了成千上萬的觀光客前往參觀，為丹麥增加了不少觀光財富呢！」

　　看大家終於回神了，安老師繼續說：「現在在哥本哈根的海濱，有一個著名的『人魚公主』雕像，而市政廳旁也有一尊安徒生紀念雕像。小朋友如果有機會到丹麥，別忘了去和安徒生爺爺拍照合影喔！也許還能碰到他在海濱散步呢！」大家聽了，全都笑

了ㄌㄜ起ㄑㄧˇ來ㄌㄞˊ。

　　最ㄗㄨㄟˋ喜ㄒㄧˇ歡ㄏㄨㄢ聽ㄊㄧㄥ安ㄢ徒ㄊㄨˊ生ㄕㄥ童ㄊㄨㄥˊ話ㄏㄨㄚˋ故ㄍㄨˋ事ˋ的ㄉㄜ祥ㄒㄧㄤˊ祥ㄒㄧㄤˊ舉ㄐㄩˇ手ㄕㄡˇ問ㄨㄣˋ：「除ㄔㄨˊ了ㄌㄜ可ㄎㄜˇ以ㄧˇ看ㄎㄢˋ到ㄉㄠˋ安ㄢ徒ㄊㄨˊ生ㄕㄥ爺ㄧㄝˊ爺ㄧㄝ的ㄉㄜ雕ㄉㄧㄠ像ㄒㄧㄤˋ之ㄓ外ㄨㄞˋ，到ㄉㄠˋ丹ㄉㄢ麥ㄇㄞˋ還ㄏㄞˊ可ㄎㄜˇ以ㄧˇ去ㄑㄩˋ哪ㄋㄚˇ裡ㄌㄧˇ參ㄘㄢ觀ㄍㄨㄢ呢ㄋㄜ？」

　　安ㄢ老ㄌㄠˇ師ㄕ笑ㄒㄧㄠˋ著ㄓㄜ回ㄏㄨㄟˊ答ㄉㄚˊ：「在ㄗㄞˋ安ㄢ徒ㄊㄨˊ生ㄕㄥ爺ㄧㄝˊ爺ㄧㄝ的ㄉㄜ故ㄍㄨˋ鄉ㄒㄧㄤ歐ㄡ登ㄉㄥ塞ㄙㄞ，值ㄓˊ得ㄉㄜ一ㄧˊ去ㄑㄩˋ的ㄉㄜ還ㄏㄞˊ有ㄧㄡˇ安ㄢ徒ㄊㄨˊ生ㄕㄥ博ㄅㄛˊ物ㄨˋ館ㄍㄨㄢˇ喔ㄛ！裡ㄌㄧˇ面ㄇㄧㄢˋ陳ㄔㄣˊ列ㄌㄧㄝˋ著ㄓㄜ安ㄢ徒ㄊㄨˊ生ㄕㄥ爺ㄧㄝˊ爺ㄧㄝ的ㄉㄜ手ㄕㄡˇ稿ㄍㄠˇ和ㄏㄢˋ著ㄓㄨˋ作ㄗㄨㄛˋ，更ㄍㄥˋ難ㄋㄢˊ得ㄉㄜ的ㄉㄜ是ˋ，博ㄅㄛˊ物ㄨˋ館ㄍㄨㄢˇ裡ㄌㄧˇ還ㄏㄞˊ展ㄓㄢˇ示ˋ他ㄊㄚ的ㄉㄜ剪ㄐㄧㄢˇ紙ㄓˇ作ㄗㄨㄛˋ品ㄆㄧㄣˇ＊喔ㄛ！」

　　話ㄏㄨㄚˋ鋒ㄈㄥ一ㄧˋ轉ㄓㄨㄢˇ，安ㄢ老ㄌㄠˇ師ㄕ接ㄐㄧㄝ著ㄓㄜ說ㄕㄨㄛ：「安ㄢ徒ㄊㄨˊ生ㄕㄥ爺ㄧㄝˊ爺ㄧㄝ一ㄧˊ共ㄍㄨㄥˋ寫ㄒㄧㄝˇ了ㄌㄜ一ㄧˋ百ㄅㄞˇ多ㄉㄨㄛ篇ㄆㄧㄢ童ㄊㄨㄥˊ話ㄏㄨㄚˋ故ㄍㄨˋ事ˋ，不ㄅㄨˊ論ㄌㄨㄣˋ你ㄋㄧˇ們ㄇㄣ喜ㄒㄧˇ歡ㄏㄨㄢ他ㄊㄚ的ㄉㄜ〈夜ㄧㄝˋ鶯ㄧㄥ〉、〈人ㄖㄣˊ魚ㄩˊ公ㄍㄨㄥ主ㄓㄨˇ〉、〈醜ㄔㄡˇ小ㄒㄧㄠˇ鴨ㄧㄚ〉，或ㄏㄨㄛˋ是ˋ〈賣ㄇㄞˋ火ㄏㄨㄛˇ柴ㄔㄞˊ的ㄉㄜ女ㄋㄩˇ孩ㄏㄞˊ〉

放大鏡

＊雖然沒有人知道安徒生到底剪過多少剪紙作品，但是他在這方面的成就並不比他的童話遜色，他用剪刀和紙來發揮他創作的才華。據估計，他剪過的小紙人、小紙衣以及雕刻的小木偶等有成千上萬件，但由於保存不易，很多都已損壞，留下來的大約只有二百五十件左右。目前保存在安徒生故鄉歐登塞的博物館裡，每年估計有十六萬人慕名到他的故鄉歐登塞參觀。

……你們都有可能在那些故事中找到他的化身或影子。他的一生就像童話般神奇，而最難得的是他用手中的筆，揮灑出多彩多姿的人生！老師相信所有的小朋友也都可以像安徒生爺爺一樣，擁有一個美麗的人生！」

聽完安老師鼓勵的話，大家熱烈的討論著自己的未來，渾然不覺下課鐘聲已響……

安徒生

小檔案

1805 年	出生於丹麥的歐登塞小鎮。
1816 年	父親過世。
1819 年	至哥本哈根，想成為歌劇演唱者。
1822 年	遇見柯林士。
1829 年	出版第一本作品。
1831 年	用自己辛苦存下的錢到德國玩，這也開啟了他對旅行的興趣。
1833 年	獲得一筆獎學金，至德國、法國、瑞士、義大利旅遊。
1834 年	母親去世。
1835 年	出版第一部小說《即興詩人》。稍後又出版第一本童話集。
1837 年	到瑞典，寫了一首歌頌瑞典的詩，奠定了他北歐詩人的地位。

1840 年　　遊歷了義大利、希臘、君士坦丁堡。

1843 年　　1 月底,離開哥本哈根到巴黎。

1844 年　　再訪德國。

1845 年　　10 月底,離開哥本哈根前往義大利。

1847 年　　從丹麥經荷蘭到英國訪問,與狄更斯相識。

1867 年　　成為歐登塞的榮譽市民。

1869 年　　又到法國旅行。

1875 年　　8 月 4 日,在熟睡中去世。

藝術家系列

榮獲2002年
兒童及少年讀物類金鼎獎

第四屆
人文類小太陽獎

～帶領孩子親近二十位藝術巨匠的心靈點滴～

喬 托	達文西	米開蘭基羅	拉斐爾
拉突爾	林布蘭	維梅爾	米 勒
狄 嘉	塞 尚	羅 丹	莫 內
盧 梭	高 更	梵 谷	孟 克
羅特列克	康丁斯基	蒙德里安	克 利

獻給孩子們的禮物

「世紀人物100」

訴說一百位中外人物的故事

是三民書局獻給孩子們最好的禮物！

◆ 不刻意美化、神化傳主，使「世紀人物」
更易於親近。

◆ 嚴謹考證史實，傳遞最正確的資訊。

◆ 文字親切活潑，貼近孩子們的語言。

◆ 突破傳統的創作角度切入，讓孩子們認識
不一樣的「世紀人物」。

國家圖書館出版品預行編目資料

神祕花園中的精靈：安徒生／簡宛著;倪靖繪.――初
版四刷.――臺北市：三民，2020
　　　面；　　公分.――(兒童文學叢書／世紀人物100)

　　ISBN 978-957-14-4694-3　（平裝）
　1.安徒生(Andersen, Hans Christian, 1805-1875)
　2.傳記 3. 通俗作品

784.738　　　　　　　　　　　　　　95026088

世紀人物 100

神祕花園中的精靈 ── 安徒生

作　　　者	簡　宛
主　　　編	簡　宛
繪　　　者	倪　靖

發 行 人	劉振強
出 版 者	三民書局股份有限公司
地　　址	臺北市復興北路 386 號 (復北門市) 臺北市重慶南路一段 61 號 (重南門市)
電　　話	(02)25006600
網　　址	三民網路書店 https://www.sanmin.com.tw

出版日期	初版四刷 2020 年 3 月修正
書籍編號	S781930
I S B N	978-957-14-4694-3

三民書局